Michael Dömer
Unterwegs zur Krippe

Michael Dömer

Unterwegs zur Krippe

Kindergottesdienste
in der Advents- und Weihnachtszeit

Herder Freiburg · Basel · Wien

Das Umschlagfoto vermittelt einen Eindruck
von der in diesem Buch beschriebenen Krippe.

Alle Rechte vorbehalten — Printed in Germany
© Verlag Herder Freiburg im Breisgau 1981
Imprimatur. Coloniae, die 15 julii 1981
Jr.-Nr. 100 686 I 81
+ Hubert Luthe vic. eplis.
Herstellung: Freiburger Graphische Betriebe 1981
ISBN: 3-451-19469-4

Vorwort

Die hier vorgelegten Modelle von Kindergottesdiensten sind aus der Gestaltung der Advents- und Weihnachtszeit in einer konkreten Gemeinde hervorgegangen. Sie sind für ihren Teil Ausdruck des Lebens einer Gemeinde, in der Menschen miteinander im Glauben unterwegs sind und sich dabei gegenseitig bestärken und unterstützen. So sind an diesen Gottesdienstvorlagen im Grunde alle die Menschen beteiligt, mit denen und für die sie entstanden sind. Ihnen allen danke ich für ihre freundliche Begleitung, ihre Anregungen und ihr Mittun.

Mein besonderer Dank gilt den Jungen und Mädchen, die an der Erstellung der Krippe mitgewirkt haben, den Müttern und Vätern, die sie dabei unterstützten, und vor allem A. Hoffmann, die mit großem Engagement die Phantasie und Kreativität der Kinder gefördert hat.

4. Mai 1981   *Michael Dömer*

Inhalt

Abkürzungsverzeichnis:
A.:   =   Alle
GL: =   Gotteslob
K.:   =   Kind
P.:   =   Priester

Einführung

Die sieben Kindergottesdienste in diesem Buch sind als Teil einer umfangreicheren, über den liturgischen Bereich hinausgehenden Gestaltung der Advents- und Weihnachtszeit entstanden.

Sie haben in unserer Gemeinde allgemein bei Groß und Klein so viel Freude gemacht, daß ich sie als Anregung gerne weitergeben möchte.

Zur Gestaltung der Gottesdienste gehören:

— eine Gruppe von Kindern, die die Krippenfiguren selbst basteln,

— ein Erzählzyklus „Como und der Weihnachtsstern"

— und die sieben Gottesdienste, in die das Krippenbild und die Erzählreihe integriert werden können.

So entsteht eine in sich geschlossene Reihe, die die Zeit vom 1. Adventssonntag bis zum Fest der Erscheinung des Herrn umfaßt und in der die Krippendarstellung, Erzählungen und gottesdienstliche Feier miteinander korrespondieren.

Dies bedeutet aber keineswegs, daß die hier vorgelegten Gottesdienstmodelle an diese Gesamtkonzeption gebunden sind. Vielmehr können die Vorlagen sowohl ohne die Einbeziehung von Krippenfiguren wie auch ohne Rückgriff auf die Gesamtheit des Erzählzyklus verwendet werden. Jedes einzelne Gottesdienstmodell kann je für sich als Grundlage für die eigene Gestaltung übernommen werden. Eine kurze Skizzierung der übergreifenden Konzeption mag als Einführung in die Vorlagen dienen und möglicherweise Anregungen zur Einbeziehung eigener Ideen geben.

Die Texte können auch außerhalb der Eucharistiefeier, z.B. in Krippenfeiern von Schule oder Gemeinde, in Wortgottesdiensten, mit Vorschulkindern, in häuslichen Advents- und Weihnachtsfeiern Verwendung finden.

Besonders die in diesem Buch angebotenen Gebete sind für solche Feiern geeignet.

Die Krippenfiguren

Etwa zwei Monate vor Beginn der Adventszeit wurden die Kinder eingeladen, sich — soweit sie Interesse hatten — zu einer Gruppe zusammenzufinden und die im Kirchenraum aufzustellende Krippe einmal selbst zu basteln. Dies geschah in der Absicht, den Gemeindemitgliedern nicht einfach eine schon fertig gestaltete Krippe vorzusetzen, sondern an ihrer Gestaltung möglichst viele Personen zu beteiligen, sie also sozusagen aus dem Leben der Gemeinde hervorgehen zu lassen. Außerdem sollte es nicht eine Krippe von Erwachsenen für Kinder (und Erwachsene) werden, sondern eine Krippe von Kindern für Kinder und für die ganze Gemeinde.

Eine besondere Stellung unter den von den Kindern gebastelten Krippenfiguren nimmt das Mädchen *Como* ein, das einheitlich im gesamten Erzählzyklus als Hauptperson erscheint und zugleich die Identifikationsfigur für die Kinder darstellt. In den entsprechenden Erzählungen wird deutlich, wie Como sich selbst auf das Fest der Geburt Jesu vorbereitet: Menschen unterschiedlicher Herkunft bringt sie auf den Weg zur Krippe. An den vier Adventssonntagen kommen jeweils ganze Figuren-Gruppen hinzu, stellvertretend für Menschen aus verschiedenen Erdteilen: Afrikaner, Südamerikaner, Asiaten und schließlich (am 4. Adventssonntag) Europäer — alle *unterwegs zur Krippe.* — Auf diese Weise sind die Kinder von Sonntag zu Sonntag in einer geradezu *adventlichen* Erwartung.

In der Kinderchristmette am Heiligen Abend kommen dann die eigentlichen Krippenfiguren dazu: Josef, Maria, das Jesuskind und die Hirten, die im Verlauf eines szenischen Spiels aufgestellt werden. Schließlich wird das Bild der Krippe am 2. Weihnachtstag und am Fest der Erscheinung des Herrn noch erweitert durch die Figuren der Familie Novak, von der *Como* das Geschick des Stephanus erfährt, und der Figuren von drei *Weisen* aus unserer Zeit, die das Geheimnis der Weihnacht noch ein wenig deutlicher werden lassen.

Die Erzählungen

Bestimmende theologische Grundaussage der Erzählungen ist die Botschaft, daß Jesus Christus da geboren wird, wo Liebe *geschieht:* Die in Jesus *Fleisch gewordene* Liebe Gottes macht Menschen zur Liebe fähig, wie umgekehrt Menschen, die aus solcher Liebe leben, auf die in Jesus erfahrbare Liebe Gottes hinweisen. Am Tun der *Como* werden dann beispielhaft einige wesentliche Verhaltensweisen gezeigt, in denen solche Liebe zum Ausdruck kommt und sich bewährt:

Hoffnung schenken, mit anderen *teilen, Herberge* geben und *Versöhnung* bringen. Indem *Como* in dieser Art Liebe schenkt, bereitet sie sich für das Fest der Geburt Jesu und bringt zugleich auch andere Menschen auf den Weg zur Krippe. Dabei wird ebenso die Verantwortung für Menschen, die in fremden Ländern und Erdteilen (Afrika, Südamerika, Asien) leben, mit einbezogen.

Die Erzählung für den 2. Weihnachtstag soll helfen, den Kindern Informationen über die Person und das Schicksal des Stephanus zu vermitteln, während die Erzählung zum Fest der Erscheinung des Herrn noch einmal das Geheimnis des Kommens Christi in unsere Welt anspricht.

Die meisten Erzählungen sind so abgefaßt und gestaltet, daß sie von den Kindern leicht auch in spielerischer Form dargestellt und nachempfunden werden können.

Die Gottesdienste

Die einzelnen Bestandteile in der Gestaltung der Advents- und Weihnachtszeit finden ihre Einheit in der gottesdienstlichen Feier, auf die sie auch hingeordnet sind. Eine wesentliche Stellung nehmen dabei die jeweiligen Schriftperikopen ein, die durch die Erzählungen vorbereitet und den Kindern auch zugänglich gemacht werden. Es werden solche Perikopen gewählt, die zu den neutestamentlichen Texten gehören, von denen die Adventszeit geprägt ist: Lk 3, 10—18 vgl. 3. Adventssonntag, Lesejahr C; Joh 1, 6—9.12 vgl. 3. Adventssonntag, Lesejahr B; Lk 1, 26—38 vgl. 4. Adventssonntag, Lesejahr B. Selbstverständlich kann auch das Evangelium zuerst gelesen werden und die jeweilige Geschichte als Auslegung folgen.

Der Adventskalender

Der Hervorhebung der Festzeit kann außerdem ein in Form eines Weihnachtssterns gestalteter Adventskalender dienen, der bis zum Heiligen Abend neben der vom 1. Adventssonntag an wachsenden Krippe aufgestellt wird. (Vgl. Hinweise zum Basteln, Seite 71.)

1. ADVENTSSONNTAG

Hoffnung für die Menschen

Begrüßung und Einführung

P.: Gottes Kommen ist uns zugesagt. Seine Gnade und sein Friede sei mit euch!
Wir alle, die wir hier zusammen sind, begrüßen uns recht herzlich zu unserem Gottesdienst am ersten Adventssonntag.
Immer wieder erfahren wir: Es gibt viel Dunkelheit in unserer Welt. Da ist nicht nur die Dunkelheit, die wir vertreiben können mit unseren Lampen und Lichtern, sondern vor allem die Dunkelheit von Lieblosigkeit, von Leid und Not.
Gott hat uns versprochen, unsere Dunkelheit zu erhellen. Das haben die Propheten dem Volk Israel, dem Volk des Alten Bundes, immer wieder verkündet. Und die Menschen haben gehofft und darauf vertraut, daß Gott sein Versprechen einlöst. Sie haben auf den Gesandten Gottes, den Messias, gewartet, der zu uns gekommen ist in Jesus Christus.
Auch wir wollen uns für Jesus bereit halten und auf sein Kommen hoffen. Wo diese Hoffnung lebendig ist, da ist es wie ein Licht, das in der Finsternis leuchtet. Das zeigen wir mit der ersten Kerze, die wir nun am Adventskranz anzünden. Zugleich soll diese Kerze uns daran erinnern, daß wir das Licht der Hoffnung an die Menschen um uns weitergeben.

Ein Kind kommt und zündet die erste Kerze am Adventskranz an.

Ein anderes Kind spricht dazu die folgende Deutung:

Diese Kerze ist das Licht der *Hoffnung.*
Wir hoffen auf Jesus;
er schenkt uns Mut und hilft uns,
daß wir unsere Welt ein wenig heller machen.

Lied: GL 115 Wir sagen euch an den lieben Advent, 1. Strophe

Gebet

Für die Formulierung von Tagesgebeten und Schlußgebeten in diesem Buch ist das Kinderdirektorium, Art. 50/51 verbindlich. — In Krippenfeiern oder Wortgottesdiensten außerhalb der Eucharistiefeier können die hier angebotenen Gebetestexte Verwendung finden.

Guter Gott, es ist noch viel Dunkelheit in unserer Welt: Viele Menschen sind krank oder haben nicht genug zu essen. Sie können nicht in die Schule gehen oder haben keine Arbeit. Viele sind einsam und traurig. Sie hoffen auf ein wenig mehr Licht in ihrem Leben. Du willst es ihnen geben durch Jesus, deinen Sohn. Gib, daß wir ihn zu den Menschen tragen durch unser Liebsein. Dann kommt Jesus, auf den wir warten, auch zu uns, der mit dir lebt heute und alle Tage bis in Ewigkeit. Amen.

Ein Kind öffnet das erste Bild am *Weihnachtsstern* (= Adventskalender, vgl. dazu die Einleitung).

Sofern Krippenfiguren erstellt wurden, bringt ein Kind nun die Figur der Como, die kurz vorgestellt wird.

Wenn auch an den nachfolgenden Sonntagen Erzählungen aus der Reihe ,,Como und der Weihnachtsstern" benutzt werden, wird hier eine kurze Einführung gegeben.

Erzählung

Die Begegnung mit Ochin

,,Paß auf, Mädchen!" ruft ein älterer Herr. Como schrickt zusammen. Auf die Fußgängerampel hatte sie gar nicht geachtet. Die anderen Leute waren stehengeblieben. Sie warteten, bis die Ampel grün zeigen würde.

Como war mit ihren Gedanken noch immer in der Schule. ,,Es war wirklich schön heute", dachte sie. Como ging gerne zur Schule, aber heute hatte es ihr besonders gut gefallen. Olaf, der Jüngste in der Klasse, hatte die erste Kerze am Adventskranz anzünden dürfen. Dann hatten sie das Licht weitergegeben, bis jedes Kind die eigene Kerze an seinem Platz angezündet hatte. Adventslieder hatten sie auch gesungen, und Frau Schreiber, die Lehrerin, hatte ihnen eine Geschichte vorgelesen, eine Geschichte vom Weihnachtsstern. Como fand, es war eine wunderschöne Geschichte: Überall, wo der Weihnachtsstern zu sehen war, da waren die Menschen froh geworden, sie hielten Frieden miteinander und halfen sich gegenseitig. Como hatte jetzt einen großen Wunsch. ,,Ich möchte auch gerne den Weihnachtsstern sehen", flüsterte sie ihrer Banknachbarin zu.

Und nun wartet Como den ganzen Tag ungeduldig, daß es dunkel wird. Am Abend geht sie immer wieder auf die Terrasse und schaut zum Himmel. Viele, viele Sterne sind zu sehen. Aber der Weihnachtsstern ist nicht dabei.

14

Im Wohnzimmer sitzt Vater im Sessel. Como stellt sich vor ihn. ,,Ob ich wohl den Weihnachtsstern sehen kann?" Der Vater läßt die Zeitung sinken und schaut Como nachdenklich an. ,,Ich glaube nicht, Como", sagt er. ,,In unserer Zeit steht er nicht mehr am Himmel. Ich habe ihn jedenfalls noch nie gesehen."

,,Wirklich schade, das mit dem Weihnachtsstern", denkt Como noch, als sie im Bett liegt. Bald aber ist sie eingeschlafen. Sie schläft tief und fest. Und dann beginnt sie im Schlaf zu lächeln; sie hat nämlich einen Traum. Sie träumt, daß sie zu einer weiten Reise aufbricht. In ihrem Traum reist sie weit weg von Deutschland. Sie kommt in ein fernes Land, in einen anderen Erdteil. Es ist Afrika. Ihre Reise hat sie in ein Dorf in Afrika gebracht. Das merkt Como an den runden Hütten aus Zweigen und Gras. Vor manchen Hütten spielen kleine Kinder im Sand. Sie haben eine schöne dunkelbraune Haut. Aber ihre Arme und Beinchen sind sehr dünn. Aus einigen Hütten hört man Kinder weinen.

Während Como noch dasteht und schaut, kommt ein Junge auf sie zu. An der Hand hält er ein kleines Mädchen. Sie kann noch nicht so große Schritte machen und hat Mühe mitzukommen. Der Junge reicht Como die Hand. ,,Guten Tag. Ich heiße Ochin", stellt er sich vor, ,,und das ist meine kleine Schwester Kesiaele." ,,Prima, ich heiße Como", antwortet sie. ,,Hast du noch mehr Geschwister?" möchte sie dann wissen. ,,Ja, noch zwei Brüder", gibt Ochin Auskunft. ,,Einer ist älter als ich, und der andere ist ganz klein, noch ein Baby. Die Mutter bindet ihn in ein großes Tuch und trägt ihn auf dem Rücken überall mit hin. Auch wenn sie auf dem Feld arbeitet." Ochin macht eine Pause. ,,Ich hatte auch noch mehr Geschwister", sagt er dann ein wenig traurig, ,,aber sie sind schon gestorben. Viele kleine Kinder sterben in unserem Dorf und in allen Dörfern, die ich kenne. Weißt du, die kleinen Kinder trinken bei ihren Müttern an der Brust, aber die Mütter sind immer hungrig. Es gibt nicht genug zu essen. Die Mütter sind auch immer müde von der Feldarbeit. Ihre Milch gibt den kleinen Kindern keine Kraft. Deshalb sterben sie."

Auch Como ist jetzt ein wenig traurig. ,,Hast du keine Spielkameraden?" möchte sie wissen. ,,Wo sind denn die anderen Kinder aus deinem Dorf?" ,,Sie helfen ihren Eltern bei der Arbeit auf den Feldern. Sonst hätten wir noch weniger zu essen."

,,Ja, und wann geht ihr zur Schule?" Como ist jetzt richtig neugierig geworden. ,,In der Schule lernen, das ist für uns nicht möglich", antwortet Ochin. ,,In der großen Stadt, da gibt es eine Schule. Aber das ist viel zu weit für uns. Wenn wir dahin gehen, dann können wir den Eltern nicht mehr bei der Arbeit helfen. Und dann werden wir noch ärmer."

„Aber könnt ihr nicht einen Lehrer in euer Dorf holen?" will Como wissen. Sie ist jetzt voller Eifer. Ochin schaut sie wieder ein wenig traurig an. „Es gibt kein Geld dafür", sagt er, „aber schön wäre es schon. Dann könnten wir nach der Feldarbeit zur Schule gehen und etwas lernen. Und wenn wir lesen und schreiben können, dann werden wir bestimmt Arbeit bekommen. Und wenn wir einen richtigen Beruf haben, dann werden unsere kleinen Kinder nicht mehr zu sterben brauchen." Als Como das hört, möchte sie am liebsten dableiben, um Ochin und den anderen Kindern zu helfen. Aber sie ist ja keine Lehrerin. Noch muß sie ja selbst zur Schule gehen.

Aber da kommt ihr eine Idee. Die muß sie Ochin gleich mitteilen. „Ich schicke dir Schulbücher von mir. Dann kannst du selbst schon mal anfangen, Buchstaben zu malen und Zahlen zu schreiben. Aber das Wichtigste: Ich werde überall herumfragen in Deutschland und nicht eher Ruhe geben, bis jemand bereit ist, zu euch zu kommen. Ich will einen Lehrer finden für euer Dorf. Darauf kannst du dich verlassen. Meine Hand drauf!" Ochin gibt Como ganz fest die Hand. Er hat jetzt Hoffnung bekommen, daß doch noch alles gut wird. Das will er schnell den anderen erzählen. Die werden sich freuen. Die Arbeit wird ihnen jetzt leichter fallen mit der neuen Hoffnung, daß es bald besser wird.

„Danke, vielen Dank", ruft Ochin noch. Dann nimmt er Kesiaele auf den Arm und läuft schnell zu den anderen.

Gerade will auch Como sich umwenden, da, plötzlich sieht sie *ihn*. Sie sieht ihn ganz deutlich, den Weihnachtsstern. Er steht über Ochins Dorf, dem Dorf in Afrika. Und sein Leuchten ist voller Hoffnung.

Zur Katechese

Am Anfang des Gesprächs mit den Kindern könnte versucht werden, das Motiv des Weihnachtssterns ein wenig zu verdeutlichen („Ihr könnt sicher erzählen, was es Besonderes mit dem Weihnachtsstern auf sich hatte?"): Er erstrahlt überall da, wo Menschen sich in Liebe öffnen und damit den Weg für das Kommen Gottes bereiten, d.h., er bezeichnet den „Ort", an dem etwas vom Leben Gottes in unserer Welt Gestalt annimmt.
Im weiteren Verlauf sollte dann zur Sprache kommen, wie Como selbst der Liebe Gottes den Weg bereitet, indem sie in einem konkreten Fall begründete Hoffnung bringt. Dabei wäre als Hintergrund nochmals deutlich der Teufelskreis der Armut herauszustellen, in dem die von ihr angetroffenen Menschen in Afrika gefangen sind: Weil sie arm sind, können sie nicht zur Schule gehen; weil sie keine Schulbildung haben, erhalten sie keine Arbeitsstelle; weil sie keine Arbeitsstelle bekommen, bleiben sie weiter in der Armut behaftet. Eine Unterbrechung dieses Kreislaufs ist praktisch nur von außen möglich. Como hilft dabei — soweit es

von ihren Fähigkeiten her möglich ist — mit, indem sie den Menschen begründete Hoffnung auf einen Ausweg aus ihrer Situation bringt.

Dieser Vorgang dürfte dann wohl auch mit der biblischen Botschaft in Verbindung gebracht werden: So wie Matthäus den Prophetenspruch Jes 9,1 (zitiert in Mt 4,16) als Wort der Hoffnung versteht, das sich für uns Christen im Kommen Jesu erfüllt hat, so bringt auch das Verhalten der Como die Hoffnung in das Leben der Menschen, die letztlich auf Christus selbst hinweist, der als „Licht für alle, die in Finsternis wohnen", aufleuchtet.

Zum Abschluß könnte mit den Kindern überlegt werden, wie auch sie ganz konkret Hoffnung bringen können, indem sie bei anderen Menschen (und damit letztlich auch bei sich selbst) den Weg für das Kommen der Liebe Gottes bereiten. Auf diese Weise könnte mit den Kindern ihre Beteiligung an der Adveniat-Aktion vorbereitet werden. Sofern noch keine eigene Partnerschaft mit einer Gemeinde in der Dritten Welt besteht, wäre es sinnvoll, etwa über Adveniat ein bestimmtes Projekt (Anschauungsmaterial) zu begleiten und zu unterstützen.

Schrifttext: nach Mt 4, 12—17

Als Jesus hört, daß Johannes der Täufer gefangengenommen worden ist, da geht er in die Stadt Kafarnaum. Die Stadt liegt am See Gennesaret. Jesus will zu den Menschen sprechen. Er will sie froh machen und ihnen helfen. Er möchte, daß ihr Leben hell und freundlich ist. Viele freuen sich darüber und sind voll Hoffnung. Sie sagen: Jetzt geht in Erfüllung, was der Prophet Jesaja gesagt hat:
Die Menschen, die im Dunkeln leben,
werden ein großes Licht sehen.
Für alle, die in Finsternis wohnen,
wird das Licht aufleuchten.
Und Jesus verkündet die Botschaft:
Gott will sein Werk vollenden und seine Herrschaft aufrichten.

Gegebenenfalls werden nun die Figuren der afrikanischen Gruppe vorgestellt.

Während die Kinder die Figuren zur Krippe bringen, folgt das

Lied: Tragt in die Welt nun ein Licht
(Aus: K. Rommel, Die Weihnachtszeit im Kindergarten, Christophorus-Verlag / Verlag E. Kaufmann, ³1978, Nr. 25.)
Credolied oder Apostolisches Glaubensbekenntnis.

Fürbitten

P.: Guter Gott, wir warten auf Jesus, daß er zu allen Menschen kommt. Dabei sollen wir mithelfen. Wir können das Leben anderer Menschen heller machen. Wir bitten dich: →

K.: Laß uns und alle Menschen die frohe Botschaft hören und den Weg für Jesus bereiten.

A.: Wir bitten dich, erhöre uns.

K.: Gib, daß wir durch unsere Hilfe anderen Menschen Hoffnung bringen.

A.: Wir bitten dich, erhöre uns.

K.: Laß uns durch unser Gutsein mithelfen, daß andere zu Jesus finden.

A.: Wir bitten dich, erhöre uns.

K.: Gib, daß wir unsere Herzen öffnen für alle, die uns nötig haben.

A.: Wir bitten dich, erhöre uns.

K.: Laß uns dabei mithelfen, daß auch durch uns das Leben anderer Menschen ein wenig heller wird.

A.: Wir bitten dich, erhöre uns.

P.: Gott, wir danken dir, daß wir dir unsere Bitten sagen dürfen. Laß uns dazu beitragen, daß möglichst viele Menschen auf der Welt das Geburtsfest deines Sohnes in Freude erwarten können. Darum bitten wir durch ihn, Christus, unseren Herrn. Amen.

Zur Gabenbereitung

Gott, Brot und Wein haben wir auf dem Altar bereitgestellt. In diesen Gaben willst du dich selbst uns schenken. Gib, daß wir dich erwarten mit offenem Herzen für dich und für alle Menschen, die du uns schickst.

Für die vier Adventssonntage:

Drittes Hochgebet für Eucharistiefeiern mit Kindern (aus: ,,Fünf Hochgebete'')
mit den Texten für die Adventszeit

Schlußgebet

Herr, unser Gott. Wir danken dir für diesen Gottesdienst. Du hast uns Freude und Hoffnung geschenkt. Gib, daß wir auch anderen Freude und Hoffnung bringen, damit es ein wenig heller wird in unserer oft so dunklen Welt. Amen.

Weitere Materialien
— Aktion Projektpartnerschaft — Vorschläge '81 (Best.-Nr. 5 213 81)
— Bernhauser/Stockheim, Kinder erleben die Dritte Welt (Best.-Nr. 5 208 77) von Misereor (Mozartstr. 9, 5100 Aachen)
— Arbeitshilfen von Adveniat und Missio (München).

2. ADVENTSSONNTAG

Mit anderen teilen

Begrüßung und Einführung

P.: Liebe Jungen und Mädchen, liebe Gemeinde!

Zu unserem adventlichen Gottesdienst heiße ich euch alle, Große und Kleine, herzlich willkommen. Der Herr sei mit euch.

Gott lebt nicht für sich: Er will für uns dasein, uns an seinem Leben teilnehmen lassen. Das hat er uns gezeigt in Jesus Christus. Er ist das Geschenk der Liebe Gottes an uns Menschen. In ihm teilt Gott sein Leben mit uns.

Wir erfahren diese Liebe Gottes, wenn auch wir sie nicht für uns behalten, sondern bereit sind, sie mit anderen zu teilen. Wo wir uns nicht vor den anderen verschließen, da kann Jesus Christus bei uns einkehren. Daran soll uns die zweite Kerze am Adventskranz erinnern:

Zwei Kinder zünden die beiden ersten Kerzen am Adventskranz an.

Ein weiteres Kind spricht die folgende Deutung zur zweiten Kerze:

Die zweite Kerze ist das Licht der *Liebe*.
Es lädt uns ein, nicht nur an uns zu denken.
Wir sollen mit den anderen Menschen teilen,
damit sie durch uns Jesus kennenlernen.

Lied: GL 115 Wir sagen euch an den lieben Advent, 2. Strophe

Gebet

Für die Formulierung von Tagesgebeten und Schlußgebeten in diesem Buch ist das Kinderdirektorium, Art. 50/51 verbindlich. — In Krippenfeiern oder Wortgottesdiensten außerhalb der Eucharistiefeier können die hier angebotenen Gebetstexte Verwendung finden.

Guter Gott, du liebst alle Menschen. Du möchtest, daß sie durch Jesus Freude erfahren. Laß uns darauf hören, was du uns in diesem Gottesdienst sagen willst. Gib uns ein offenes Herz für alle Menschen, die unsere Liebe brauchen. Darum bitten wir durch Christus, unseren Herrn. Amen.

Es wird kurz an die Erzählreihe von „Como und dem Weihnachtsstern" erinnert, die am 1. Adventssonntag begonnen wurde.

Dann öffnet ein Kind das zweite Bild am Adventskalender.

Der Priester läßt die Kinder aufgrund des sichtbar gewordenen Bildes Vermutungen über den Schauplatz der zweiten Geschichte (= Südamerika) äußern.

Erzählung

Pedro aus der Wellblechstadt
Como hat sich wieder aufgemacht. Ihre Reise geht weiter. Sie kommt dabei weit herum in der Welt.

Die zweite Station ihrer Reise ist ein Land in Südamerika. Dort kommt sie in eine große Stadt. Viele tausend Menschen wohnen hier. Eigentlich weiß keiner so richtig, wie viele es genau sind.

Como möchte die Stadt kennenlernen. Sie geht durch die Straßen und sieht ein Gewimmel von Menschen. Die meisten haben wunderschöne, pechschwarze Haare und eine dunkle Haut. Auf dem Kopf tragen sie einen kleinen schwarzen Hut mit einem hellen Band. Das sieht irgendwie lustig aus, findet Como.

Bald kommt sie auf einen großen Platz mitten in der großen Stadt. Da sind viele Waren auf dem Boden ausgebreitet, die zum Verkauf angeboten werden. Dazwischen entdeckt Como auf einmal einen Jungen, der am Boden hockt. Er ist ungefähr so alt wie sie. Vor sich hat er eine Fußstütze aufgebaut und einen Karton mit Schuhputzzeug bereitgestellt. Er bietet den Leuten an, ihnen die Schuhe zu putzen. Damit will er etwas Geld verdienen.

Gerade ist er dabei, seine Sachen zusammenzupacken und aufzubrechen, da kommt Como auf ihn zu: „Eigentlich schade, daß du gehst. Ich hätte dich nämlich gerne eine Menge gefragt. Vieles ist fremd hier für mich und so ganz anders als bei uns." „Ich will dir gerne helfen. Ich wohne am Rande der Stadt. Wenn du Lust hast, kannst du mich begleiten, und ich will dir deine Fragen beantworten. Ich heiße übrigens Pedro." „Und ich bin die Como", stellt sie sich vor.

Zusammen machen sie sich auf den Weg. Sie gehen auf den Rand der Stadt zu. Como sieht immer mehr Kinder, die barfuß und halb nackt herumlaufen. Bald gibt es auch keine richtige Straße mehr. Überall stehen nur Hütten, viele tausend kleine Hütten. Sie sind aus Kistenbrettern, Pappe und Wellblech zusammengenagelt.

Nach einiger Zeit bleibt Pedro schließlich vor einer Hütte stehen.

„Hier wohne ich", sagt er, „komm herein." Die Hütte ist auf die fest-
getretene Erde gebaut. Sie dient auch als Fußboden. In einer Ecke liegen
ein paar Decken. „Wir schlafen auf dem Lehmboden", erklärt Pedro.
„Zu unserer Familie gehören meine Eltern und außer mir noch meine
fünf Geschwister. Vater geht jeden Morgen in die Stadt und sucht, ob er
irgendwo arbeiten und etwas Geld verdienen kann. Nicht immer hat er
Glück. Die Mutter muß auch schon früh fort, um bei reichen Leuten die
Wäsche zu waschen. Das jüngste Schwesterchen nimmt sie mit, es ist
noch ein Baby. Carlitos und Juanito, die beiden ältesten, gehen auf den
Markt. Manchmal können sie dort den Händlern die Karren schieben.
Dafür bekommen sie dann ein paar Centavos. Meistens gehen sie mor-
gens los, ohne zu frühstücken. Das Essen reicht nicht immer für alle. Sie
kommen auf ihrem Weg an großen Häusern in einem reichen Stadtvier-
tel vorbei. Dort schauen sie in die Mülleimer, ob sie nicht noch etwas
Eßbares finden. Oder sie suchen auf dem Markt. Dort liegen oft ein
paar zerquetschte oder angefaulte Früchte herum."

Como ist ganz still geworden. Sie muß erst einmal über alles nachden-
ken, was Pedro ihr da erzählt. Als sie sich umdreht, fällt ihr Blick auf einen alten Marmeladeneimer. „Damit gehe ich Wasser holen", berichtet
Pedro. „Zehn Minuten von hier entfernt ist ein Trog mit einem Wasser-
hahn darüber. Dorthin kommen die Leute, wenn sie Wasser brauchen,
denn in keine der Hütten führt eine Wasserleitung." Como ist immer
noch ein wenig sprachlos. „Was machst du denn mit dem Geld vom
Schuhputzen?" möchte sie dann wissen. „Eigentlich wollte ich es behalten und den Eltern zu Weihnachten ein Geschenk kaufen. Aber wir
brauchen das Geld, um die Milch zu bezahlen für das Schwesterchen.
Deshalb gebe ich es der Mutter."

„Und wie kommst du nun an dein Weihnachtsgeschenk?" fragt Como. „Vor zwei Tagen war ich auf der riesigen Halde am anderen Ende
der Stadt", berichtet Pedro, „da wird immer der Müll aus den Müll-
eimern abgeladen. Mein Freund Jaime hat mir gesagt, daß man dort oft
noch allerlei Brauchbares finden kann. Die reichen Leute werfen schon
mal etwas weg, nur weil es einen Sprung hat oder der Henkel fehlt. Vielleicht hätte ich es dann wieder herrichten oder neu anmalen können. Da
hätte ich dann noch ein schönes Geschenk gehabt. Aber als ich da hin-
kam, waren schon viele Kinder vor mir dagewesen. Außerdem hatten
die Müllmänner den Müll angezündet. Alles war verbrannt und ver-
kohlt." Leise und ein wenig traurig fügt Pedro dann hinzu: „Jetzt habe
ich immer noch kein Geschenk, und in drei Wochen ist schon Weihnachten."

Como denkt an die vielen Sachen, die sie besitzt. Ein wunderschöner Trinkbecher ist dabei, den sie besonders gern hat. Sie benutzt ihn nur an ihrem Geburtstag und bei anderen festlichen Anlässen. Außerdem hat sie eine große Metallschachtel. Die ist außen mit vielen Bildern verziert. In der Schachtel bewahrt sie alles auf, was ihr wichtig und wertvoll ist. Como gibt sich einen Ruck. ,,Ich gebe dir meinen Becher und die Schachtel. Dann hast du zwei Geschenke für deine Eltern zu Weihnachten.''

Pedro schaut Como erst ganz verdutzt an. Dann macht er einen Luftsprung vor Freude. ,,Prima'', ruft er, ,,den Becher schenke ich meiner Mutter. Damit kann sie dann das Wasser aus dem Eimer schöpfen und an alle verteilen. Und die Schachtel bekommt mein Vater. Darin können wir den Mais aufbewahren, um ihn vor den Ratten zu schützen. Danke, danke, Como!'' Pedro drückt Como die Hand. Seine Augen leuchten vor Freude. Como meint, solches Leuchten schon einmal gesehen zu haben. Sie denkt an den Weihnachtsstern. Der steht jetzt bestimmt über der Wellblechstadt. Da ist sie ganz sicher. Und sie freut sich, daß sie es geschafft hat, mit Pedro zu teilen.

(Einzelne Motive dieser Geschichte aus: Gudrun Pausewang, Müllgeschenke, in: Vorlesebuch Religion 3, 1976, 249—254.)

Zur Katechese

In der Erzählung wird das Teilen als Ausdruck der Bereitschaft thematisiert, sich dem Nächsten gegenüber zu öffnen und damit zugleich selbst für das Geschenk der Liebe Gottes bereit zu werden. Dieser wesentliche Aspekt der Vorbereitung wird nach der Darstellung des Evangelisten Lukas auch in der Verkündigung Johannes' des Täufers angesprochen, der die Zuhörer u.a. auffordert, zu teilen und damit dem Kommen Christi ,,Raum'' zu geben (vgl. bes. Lk 3, 11). In dem Gespräch mit den Kindern könnte an dem Zeichen des ,,Weihnachtssterns'' angeknüpft werden (,,Ihr könnt euch sicher denken, warum der Weihnachtsstern über der Wellblechstadt erschienen ist?''): Er zeigt an, daß Como mit der von ihr geleisteten Hilfe zugleich dafür bereit wurde, die Liebe Gottes aufzunehmen und in ihrem Handeln wirksam werden zu lassen. Wer durch seine Bereitschaft zu teilen sich dem Nächsten gegenüber nicht verschließt, der wird auch offen für Gott, so daß Gott bei ihm einkehren kann.

Mit den Kindern sollte überlegt werden, daß die Bereitschaft zu teilen sich sicherlich zunächst in der alltäglichen Umgebung bewähren muß (konkrete Beispiele). Wichtig ist dabei auch, daß Como nicht etwas gibt, was ihr sowieso nicht (mehr) so gut gefällt, dessen Weggabe sie also leicht verschmerzen kann, sondern daß sie Gegenstände schenkt, die ihr sehr lieb und wichtig sind. Sie gibt somit im Grunde nicht etwas, sondern sich selbst. So sind auch wir eingeladen, uns füreinander verantwortlich zu fühlen und Leben miteinander zu teilen.

Um das ein wenig deutlich werden zu lassen, haben die Kinder unserer Pfarrei zu diesem Gottesdienst, der den Blick ein wenig auch auf die Situation in südamerikanischen Ländern lenkt, selbstgemalte Bilder über ihr alltägliches Leben mitgebracht, die an die Kinder in unserer Partnergemeinde in Peru geschickt wurden, die dann ihrerseits in Bildern über ihr Leben informiert haben.

Schrifttext: nach Lk 3, 10—18

Viele Menschen kommen zu Johannes dem Täufer. Sie hören seine Predigt. Sie lassen sich taufen. Sie fragen ihn: Wie sollen wir uns bessern? Was sollen wir tun?

Johannes antwortet ihnen: Wer zum Beispiel zwei Röcke hat, soll dem einen mitgeben, der keinen hat. Und wer genug zu essen hat, soll mit den Hungrigen teilen.

Es kommen auch Zöllner, um sich taufen zu lassen. Sie fragen ebenfalls: Was sollen wir tun? Ihnen sagt Johannes: Fordert nicht mehr Zoll, als festgesetzt ist.

Auch Soldaten kommen und fragen: Was sollen denn wir tun? Und Johannes gibt zur Antwort: Tut niemandem Gewalt oder Unrecht an und seid zufrieden mit eurem Lohn.

Die Menschen machen sich nun Gedanken über Johannes und denken bei sich: Ist er vielleicht der Messias, auf den wir warten? Johannes aber sagt ihnen: Ich taufe euch mit Wasser. Bald aber kommt einer, der größer ist als ich. Ich bin nicht einmal wert, seine Schuhriemen zu lösen. Er wird euch in heiligem Geist wie mit Feuer taufen.

Und immer wieder predigt Johannes den Menschen und ermahnt sie, den Messias zu erwarten.

Nun werden die Figuren der südamerikanischen Gruppe vorgestellt.

Während die Kinder die Figuren zur Krippe tragen, folgt das

Lied: Menschen warten auf den Herrn, 1. und 2. Strophe
(Aus: Christujenna. Kinderlieder zu Advent und Weihnachten aus unserer Zeit, Verlag E. Kaufmann/Christophorus-Verlag, Nr. 8.)
Credolied oder Apostolisches Glaubensbekenntnis.

Fürbitten

P.: Herr Jesus Christus, viele Menschen sind in Not. Sie warten auf das Licht der Liebe. Du möchtest, daß wir mit ihnen teilen. Dazu bitten wir um deine Hilfe:

→

K.: Wir bitten für die Armen in der Welt, besonders für die Familien in den Elendshütten in Südamerika. Wir wollen uns für sie einsetzen.

A.: Komm, o Herr, wir brauchen dich auf der dunklen Erde, daß die Welt von deinem Licht immer heller werde.

K.: Wir bitten für alle Missionare und Entwicklungshelfer, die den Menschen beistehen. Laß sie immer neu deine Kraft und Hilfe erfahren.

A.: Komm, o Herr, wir brauchen dich auf der dunklen Erde, daß die Welt von deinem Licht immer heller werde.

K.: Wir bitten für die Gastarbeiter in unserem Land, die ihre Angehörigen oft lange nicht sehen können. Laß uns ihnen beistehen.

A.: Komm, o Herr, wir brauchen dich auf der dunklen Erde, daß die Welt von deinem Licht immer heller werde.

K.: Wir bitten für einsame und alte Menschen. Laß sie auch durch uns ein wenig Liebe erfahren.

A.: Komm, o Herr, wir brauchen dich auf der dunklen Erde, daß die Welt von deinem Licht immer heller werde.

P.: Herr, laß uns bereit sein, mit anderen zu teilen. Dann wird unser Herz offen für dich, und wir können dich empfangen. Amen.

(Für den Text des Antwortrufes vgl. K. Rommel/M. Schmeißer, Kinder- und Familiengottesdienst. Advent — Weihnachten, Christophorus-Verlag/Verlag E. Kaufmann, S. 92.)

Zur Gabenbereitung

Guter Gott, unter den Zeichen von Brot und Wein möchte Jesus für uns dasein. Er will sein Leben mit uns teilen. Wir wollen ihn mit Freude aufnehmen und seine Liebe weiterschenken, indem wir anderen helfen. Gib uns allen dazu deine Kraft durch ihn, Christus, unseren Herrn. Amen.

Schlußgebet

Herr, unser Gott, es ist oft nicht leicht, sich für andere einzusetzen und mit ihnen zu teilen. Jesus aber hat sich für uns verschenkt. Im heiligen Mahl haben wir seine Liebe empfangen. Laß uns auch als seine Freunde leben und bereit sein, in Liebe zu teilen. Dann werden wir uns in Freude auf das Fest der Geburt Christi bereiten, der mit dir lebt und herrscht in Ewigkeit. Amen.

Segen

Unser Gottesdienst geht zu Ende.
Der Herr sei mit uns in unserem Leben.
Er begleite uns an diesem Tag und in dieser Woche.
Er mache uns bereit, mit anderen zu teilen,
damit wir so in Liebe sein Kommen erwarten.
Dazu segne euch der allmächtige Gott,
der Vater und der Sohn und der Heilige Geist. Amen.

Weitere Materialien

Zur Veranschaulichung der Elendssituation in den Slums südamerikanischer Städte findet man Bildmaterial (mit Texten) in:

— Diamappe B — Bolivien; Diamappe K — Kolumbien und in der Mappe (mit Texten) „Carlos und die Wellblechkinder" (zu beziehen bei: Terre des hommes, Postfach 4126, 4500 Osnabrück) sowie in den Medienangeboten von Missio und Adveniat.

— Zur Vorbereitung zu empfehlen ist auch die Veröffentlichung von Bernhauser/Stockheim, Wie Menschen in Slums leben (erhältlich bei Misereor, Aachen, Best.-Nr. 5 207 75).

3. ADVENTSSONNTAG

Herberge geben

Begrüßung und Einführung

P.: Zu unserem Gottesdienst heute am dritten Adventssonntag begrüße ich alle recht herzlich mit dem Wunsch: Die Liebe und Menschenfreundlichkeit Gottes sei mit euch!
Ich glaube, jeder von uns wird es spüren: Wir leben nicht nur von den Dingen, die wir uns kaufen können, sondern vor allem von Liebe und Zuwendung, die uns zuteil werden. Wo Menschen uns Zuneigung schenken, da fühlen wir uns geborgen, da sind wir zu Hause. Wo solche Geborgenheit fehlt, da ist menschliches Leben bedroht und in Gefahr, zu verkümmern.
Auch wir können dabei mithelfen, daß andere Menschen ihr Leben in Freude gestalten können, weil wir sie annehmen, ihnen helfen und beistehen: in der Familie, in der Klassengemeinschaft oder beim Spielen in der Freizeit. Und wir dürfen wissen: Indem wir solche Geborgenheit schenken, werden wir selbst dafür bereit, daß Jesus Christus bei uns einkehren kann. Sinnbild dafür soll die dritte Kerze am Adventskranz sein:

Drei Kinder zünden jeweils eine Kerze am Adventskranz an.

Ein weiteres Kind spricht die folgende Deutung zur dritten Kerze:

Die dritte Kerze ist das Licht der *Freude.*
Es lädt uns ein, zu den Menschen zu gehen
und sie in unsere Gemeinschaft aufzunehmen.
Durch uns sollen sie erfahren,
daß von Gott Freude kommt.

Lied: GL 115 Wir sagen euch an den lieben Advent, 3. Strophe

Gebet

Herr und Gott, du möchtest uns durch Jesus deine Freude schenken. Auf ihn bereiten wir uns vor. Mit uns warten viele Menschen. Sie leben in der Dunkelheit von Not und Armut. Gib, daß wir durch unsere Hilfe ein wenig Licht in ihr Leben bringen und so unser Herz öffnen für ihn, Jesus Christus, der mit dir lebt und herrscht in Ewigkeit. Amen.

Ein Kind öffnet das dritte Bild am Adventskalender.
Die Kinder werden eingeladen, kurz das Bild zu beschreiben.

Erzählung

Die Flüchtlinge
Como erkennt ihn schon von weitem. Neben einem halbverfallenen Schuppen steht er und wartet auf sie. Es ist Ngyen. Gestern hatte sie ihn hier am Strand getroffen, als sie mit ihren Füßen ein wenig im seichten Meerwasser planschen wollte. Viele einheimische Kinder waren auch dagewesen. Como hatte ihnen neugierig bei ihren lustigen Spielen zugeschaut. Hier in Asien, auf der großen Insel Borneo, kannten die Kinder viele tolle Spiele. Überhaupt war Como gern in Asien. Ihr gefielen die freundlichen Menschen mit den schwarzen Haaren; ihre Augen waren ganz schmal, wie Mandeln sahen sie aus.

Unter all den Kindern war ihr Ngyen sofort aufgefallen. Er stand nur da und schaute zu. Er hielt den Kopf gesenkt, so als ob er traurig wäre. Como war zu ihm gegangen und hatte seine Hand genommen. Da hatte er ihr erzählt, daß er Ngyen heißt und gar nicht auf Borneo zu Hause ist. „Mein Heimatland ist Vietnam", hatte er gesagt, „aber wir mußten alles verlassen und fliehen. Als Flüchtlinge sind wir über das Meer gekommen. Jetzt sind wir seit zwei Tagen hier auf Borneo."

Como wollte gerne mehr darüber erfahren; deshalb hatten sie ausgemacht, sich am nächsten Tag wieder zu treffen. Und so wartet Ngyen auf sie am alten Schuppen. Sie setzen sich in den Sand, und gleich möchte Como wissen: „Warum seid ihr denn geflohen aus Vietnam?" „Es gibt eine neue Regierung in unserem Land", erzählt Ngyen, „mit einer strengen Partei: Alle Menschen sollen nur noch so denken und handeln, wie die Partei das vorschreibt. Wer das nicht tut, wird bestraft. Deshalb durfte mein Vater nicht mehr im Büro arbeiten, und meine beiden Schwestern und ich sollten unseren Eltern weggenommen werden. Da ist mein Vater gegangen und hat alle unsere schönen Sachen verkauft. Wir mußten ja viel Geld bezahlen. Sonst hätten wir keinen Platz bekommen auf dem kleinen Schiff. Mit einem Fischerboot sind wir geflohen aus Vietnam."

„Wie war das denn bei eurer Flucht über das Meer? Hast du gar keine Angst gehabt?" fragt Como. „Doch, alle hatten Angst. Auf dem kleinen Schiff waren viel zu viele Menschen. Oft sah es so aus, als würde das Schiff untergehen. Dann ist auch noch der Motor ausgefallen. Zwei Männer haben einen Tag und eine Nacht gearbeitet, um ihn zu reparieren. Über eine Woche waren wir auf dem Meer unterwegs. Zuletzt hatten wir auch nichts mehr zu essen und zu trinken."

„Da seid ihr sicher froh gewesen, als ihr das Schiff verlassen konntet", vermutet Como. „So einfach war das nicht", erklärt Ngyen. „Es sind schon viele tausend Flüchtlinge hierher nach Borneo gekommen. Sie brauchen Unterkunft und etwas zu essen. Sie haben aber kein Geld mehr. Deshalb wollen die Menschen hier keine Flüchtlingsschiffe mehr an Land lassen. Soldaten sollen aufpassen und die Boote mit den Flüchtlingen wieder aufs Meer hinausschicken. Auch wir hatten Angst, daß die Soldaten uns nicht ans Land gehen lassen. Aber als wir nahe genug an der Insel waren, da haben einige Väter den Motor zerstört und Löcher in die Schiffswände gebohrt. Da konnten sie uns nicht wieder aufs Meer hinausschicken."

„Und doch bist du immer noch traurig?" fragt Como. Ngyen macht eine lange Pause. Dann sagt er leise: „In dem Flüchtlingslager hier dürfen wir nicht lange bleiben. Es gibt schon nicht genug Arbeit für die Leute, die hier geboren sind. Es wäre wunderschön, wenn wir ein Land finden könnten, das uns aufnimmt."

Como sieht in Gedanken das große Zimmer vor sich, das sie zu Hause ganz allein für sich hat. „Es wird mir sicher nicht ganz leicht sein, das Zimmer mit jemandem zu teilen", denkt sie. Aber dann sagt sie zu Ngyen: „Ich werde mit meinen Eltern sprechen. In meinem Zimmer und in unserer Wohnung ist bestimmt noch Platz. Und bei meinen Freunden und Freundinnen auch. Wir nehmen euch auf. Ihr könnt nach Deutschland kommen."

Ngyen weiß zuerst gar nicht, was er sagen soll. Dann rennt er los, so schnell er kann. Das muß er unbedingt seinen Eltern und den Geschwistern erzählen. Die werden strahlen vor Freude.

Als Como sich umwendet, da scheint der alte Schuppen in hellem Licht zu stehen. Und Como denkt an den Weihnachtsstern. Ihr Herz ist voller Freude.

Zur Katechese

Am Anfang des Gesprächs könnte kurz die konkrete Situation der Flüchtlinge aus Vietnam rekapituliert werden: Sie wissen nicht, wo sie bleiben können, sie haben keine Heimat und kein Zuhause mehr.

An die Beschreibung ihrer Lebensbedingungen sollten sich dann Vermutungen darüber anschließen, wie die Flüchtlinge sich wohl fühlen müssen (z.B. traurig, einsam, allein gelassen usw.). Sie werden sich also nach Menschen sehnen, die sich ihrer annehmen, die ihnen beistehen, ihnen Geborgenheit schenken.

Von daher könnte den Kindern in einem nächsten Schritt die Einsicht vermittelt werden, daß ,,Herberge geben'' mehr bedeutet als nur jemandem ein ,,Dach über dem Kopf'' zur Verfügung zu stellen, daß es vielmehr in einem umfassenden Sinn einschließt, jemanden aufzunehmen, ihm Schutz zu gewähren, seinem Leben ,,Raum'' zu geben. Damit wird dann deutlich, daß Obdachlosigkeit und Ausgestoßensein der Flüchtlinge in Asien im Grunde mit dem Wunsch aller Menschen zu tun hat: angenommen und geborgen zu sein. Deshalb sollte mit den Kindern nun etwas ausführlicher überlegt werden, wie das konkret aussehen kann, anderen ,,Herberge'' zu geben (z.B. zu jemandem stehen, auch wenn er Fehler macht; jemanden gelten lassen, der anders ist als wir; jemandem beistehen, der ausgelacht wird; jemanden, der nicht so gut Fußball spielen kann, mit in die Mannschaft nehmen; den Eltern auch einmal für ihre Mühe danken usw.). Zum Abschluß könnte dann besprochen werden, daß uns in den Menschen, die ,,Herberge'' suchen, Jesus selbst begegnet und daß wir mit der Bereitschaft, Geborgenheit zu schenken, uns zugleich dafür bereiten, Jesus bei uns aufzunehmen.

Schrifttext: nach Joh 1, 6—9.12

Ein Mensch trat auf, von Gott gesandt,
der hieß Johannes.
Er hatte den Auftrag, auf das Licht hinzuweisen,
damit es alle erkennen und annehmen.
Er selbst war nicht das Licht;
seine Aufgabe war es, auf das Licht hinzuweisen.
Christus aber war das wahrhaftige Licht,
das in die Welt kam, um allen Menschen zu leuchten.
Und allen, die ihn aufnahmen,
allen, die ihm Herberge gaben,
gab er das Recht, Gottes Kinder zu sein.

Nun werden die Figuren der asiatischen Gruppe vorgestellt.

Während die Kinder die Figuren zur Krippe bringen, folgt das

Lied: O komm, o komm, Immanuel

Credolied oder Apostolisches Glaubensbekenntnis.

Fürbitten

P.: Herr Jesus Christus, wir haben es gut in unserem Leben. Bei uns ist es hell und warm. Wir haben genug zu essen und fühlen uns geborgen in unseren Wohnungen. Wir wissen aber, daß viele Menschen in der Welt es nicht so gut haben. Sie leben in der Dunkelheit von Hunger, Krankheit und Armut. Auch zu ihnen, Herr, soll dein Licht kommen:

K.: Zu den Flüchtlingen in Asien, die ihre Heimat verloren haben und die nun ein Zuhause suchen, wo sie geborgen sind.
P.: Darum bitten wir dich:
A.: Sende dein Licht, Herr Jesus!

K.: Zu solchen Staatsmännern, die mit ihrem Tun Krieg und Vertreibung hervorrufen und die Menschen nötig haben, die ihnen ins Gewissen reden.
P.: Darum bitten wir dich:
A.: Sende dein Licht, Herr Jesus!

K.: Zu den Menschen in Polen, die in Angst und Hoffnung leben und auch auf unseren Beistand angewiesen sind.
P.: Darum bitten wir dich:
A.: Sende dein Licht, Herr Jesus!

K.: Zu den Erdbebenopfern in Italien, die ihre Angehörigen verloren haben und darauf warten, daß ihnen wirklich geholfen wird.
P.: Darum bitten wir dich:
A.: Sende dein Licht, Herr Jesus!

K.: Zu uns allen hier im Gottesdienst, die wir deine Hilfe nötig haben, um unser Herz für dich und unsere Mitmenschen zu öffnen.
P.: Darum bitten wir dich:
A.: Sende dein Licht, Herr Jesus!

P.: Ja, Herr, wir alle haben es nötig, um dein Licht zu bitten: das Licht der Liebe und der Freude, der Hoffnung und der Zuversicht. Erleuchte du uns und laß uns so deine Nähe erfahren. Amen.

(Die in den Fürbitten genannten Anliegen sind gegebenenfalls zu aktualisieren.)

Zur Gabenbereitung

Herr, unser Gott, wir bringen dir unsere Gaben und denken daran, daß dein Sohn Jesus Christus zu uns kommen möchte. Voll Freude wollen wir ihn erwarten und uns für ihn bereit halten. Er lebt und herrscht mit dir in alle Ewigkeit. Amen.

Nach der Kommunion

Die nachfolgenden Texte werden von je einem Kind gesprochen:

1. K.: Ich glaube an Jesus.
Nun will ich den Menschen Freude bringen,
die traurig sind,
und ihnen von Jesus, unserer Freude, erzählen.

2. K.: Ich glaube an Jesus.
Nun will ich den Menschen Frieden bringen,
die in Haß und Streit leben,
und will ihnen vom Herrn des Friedens erzählen.

3. K.: Ich glaube an Jesus.
Nun will ich den Menschen Liebe bringen,
die alle so sehr zum Leben brauchen,
und will ihnen von Jesus erzählen,
der durch sein Kommen Liebe in unsere Welt gebracht hat.

(Text in Anlehnung an: K. Rommel/M. Schmeißer, Kinder- und Familiengottesdienst.
Advent — Weihnachten, Christophorus-Verlag/Verlag E. Kaufmann, S. 99.)

Schlußgebet

Lieber Vater im Himmel, alle Menschen sehnen sich nach Geborgenheit.
Sie möchten ein Zuhause haben und Gemeinschaft erfahren. In diesem
Mahl hast du uns alle zur Gemeinschaft mit Jesus, deinem Sohn, eingeladen. So wollen wir deine Liebe weitertragen und mithelfen, daß andere sich nicht fremd fühlen oder ausgestoßen werden. Bitte hilf du uns
dabei. Amen.

4. ADVENTSSONNTAG

Versöhnung stiften

Begrüßung und Einführung

P.: Der Friede Gottes, sein Erbarmen und seine Liebe sei mit euch!
In diesen Tagen vor Weihnachten wird uns noch stärker als zu anderen
Zeiten des Jahres bewußt, wie sehr unsere Welt von Haß und Krieg zer-
rissen ist, wie viele Gruppen miteinander verfeindet sind. Solcher Un-
friede besteht aber nicht nur im großen, zwischen Völkern und Staaten,
sondern oft auch in unseren kleinen Gemeinschaften, in Ehe und Familie, in der Klasse, in Nachbarschaften, unter Freunden. Immer wieder
brechen Neid, Eifersucht und Streit auf; sie sind wie ein Abgrund, der
die Menschen voneinander und damit auch von Gott trennt.
Gott aber möchte, daß wir Menschen gut miteinander leben können,
daß wir zueinander finden und uns versöhnen. Die Versöhnung ist wie
eine Brücke, die die Menschen wieder miteinander verbindet.
Damit wir die Kraft zur Versöhnung finden, schenkt Gott uns seine Liebe. Wenn wir uns dieser Liebe, die uns in Jesus Christus zuteil wird, öffnen, dann nehmen wir Gottes Versöhnung an und bringen seinen Frieden in unsere Welt. Darauf will uns die vierte Kerze am Adventskranz
hinweisen, die wir nun entzünden.

Vier Kinder zünden die Kerzen am Adventskranz an.

Ein weiteres Kind spricht die folgende Deutung zur vierten Kerze:

Die vierte Kerze ist das Licht der *Versöhnung.*
Es lädt uns ein, allen Streit zu beenden.
Wir sollen um Verzeihung bitten.
Dann wird Gottes Frieden einkehren in unser Herz
und durch uns zu den Menschen kommen.

P.: Darum wollen wir jetzt gemeinsam das Schuldbekenntnis sprechen.

Lied: GL 115 Wir sagen euch an den lieben Advent, 4. Strophe

Gebet

Guter Gott, bald kommst du zu uns, weil du uns liebst. Es ist deine Freude, bei uns zu wohnen. Laß uns nicht vergessen, unser Herz zu bereiten, den Frieden und die Versöhnung zu suchen in der Familie, mit den Spielkameraden und allen, denen wir begegnen. Darum bitten wir dich durch Jesus Christus.

Ein Kind öffnet das vierte Bild am Adventskalender.

Sofern Krippenfiguren erstellt wurden, bringt ein Kind die neu hinzukommende Figur des Christian, der kurz vorgestellt wird.

Erzählung

Das schönste Weihnachtsgeschenk

Christian hat geweint. Das sieht Como ganz deutlich. Es ist nicht das erste Mal, daß sie es bemerkt. Ihr ist auch aufgefallen, daß Christian in den letzten Monaten immer stiller geworden ist. Früher hat er oft die anderen zum Lachen gebracht und ist der beste Spielkamerad in der Straße gewesen. Jetzt aber scheint er sehr traurig und mit seinen Gedanken immer woanders zu sein.

„Ich will ihn einmal ansprechen", beschließt Como, „vielleicht kann ich ihm eine kleine Freude machen." Keines von den anderen Kindern auf dem Spielplatz beachtet sie, als sie zu Christian hinübergeht. „Du, ich glaube, dich bedrückt etwas", sagt sie leise. Christians Augen werden noch trauriger; er schaut sie an, sagt aber kein Wort. „Es wäre schön, wenn du es mir erzählen würdest", versucht Como es noch einmal. „Es ist wegen meiner Eltern", druckst Christian herum. „Immer öfter haben sie sich gestritten. Manchmal haben sie die Türen zugeschlagen. Dann ist der Vater immer später von der Arbeit nach Hause gekommen, und die Mutti hat im Wohnzimmer gesessen und geweint. Und heute mittag", erzählt Christian weiter, „heute mittag ist der Vater aus dem Haus gegangen. In der einen Hand hatte er einen großen Koffer, in der anderen eine Reisetasche. Mutti sagt, daß er nicht mehr zurückkommt. Sie wollen sich scheiden lassen. Und in einer Woche ist Weihnachten. Da werden wir ganz allein sein. Wo ich doch alle beide so liebhabe!" Dicke Tränen kullern jetzt über Christians Wangen. Eine Zeitlang schweigen sie beide. Plötzlich fragt Como: „Glaubst du, daß die beiden sich trotzdem ganz tief im Herzen noch liebhaben?" „Mein Vater und meine Mutti? — Ich glaube, ein bißchen schon. Sie haben es nur nicht mehr richtig gesagt." „Dann habe ich eine Idee. Komm mit!"

Wie zwei kleine Verschwörer schleichen sie in Christians Zimmer. Mit ein paar Sätzen erklärt Como ihre Idee. Christian ist begeistert. Seine Augen leuchten schon viel fröhlicher, und seine Wangen glühen vor Eifer. Schnell nimmt er ein Blatt aus dem Schulheft und beginnt zu schreiben: „Lieber Papi! Weihnachten ohne dich ist nicht schön. Bitte komm zu uns zurück. Du kannst ja zum Essen kommen am Heiligen Abend. Mutti zieht bestimmt das schöne Kleid an, das du ihr geschenkt hast. Ich erwarte dich! In Liebe. Dein Christian."

Zusammen stecken sie den Brief in einen Umschlag und bringen ihn zur Post. Jetzt können sie die Zeit bis Weihnachten kaum noch erwarten. Christian hat Como für den Heiligen Abend zum Essen eingeladen. Zuerst war Frau Kollmann, Christians Mutter, damit nicht so richtig einverstanden. Schließlich aber hatte sie gesagt: „Na gut, dann sind wir wenigstens nicht so alleine."

Nun sitzen sie alle am Tisch: Como, Christian und Frau Kollmann. Alle sind sie ein wenig bedrückt. Sie sprechen nicht viel miteinander. Christian ißt heute besonders langsam. Zweimal springt er vom Tisch auf und läuft zur Tür. Aber niemand steht draußen. Ganz enttäuscht beginnt er, seinen Nachtisch zu essen. Er will gar nicht zu Como hinüberschauen.

Da klingelt es. Jetzt geht Frau Kollmann zur Tür. „Ach, Wolfgang, du?" hören sie Christians Mutter rufen. „Das ist aber lieb, daß du gekommen bist." Sie ist ganz außer sich vor Freude. Als sie im Zimmer sind, drückt Herr Kollmann seiner Frau einen großen Strauß Rosen in die Hand. „Schönen Dank für euren Brief", sagt er. Christians Mutter ist ganz verdutzt, aber dann sagt sie: „Es tut mir leid, was alles gewesen ist. Wollen wir uns wieder vertragen?" Christian zwinkert Como zu. Leise stehen sie vom Tisch auf. Als sie an der Tür zum Wohnzimmer sind, sehen sie, daß Herr Kollmann seine Frau in den Arm nimmt und ihr einen Kuß gibt. „Das ist mein schönstes Weihnachtsgeschenk", flüstert Christian in Comos Ohr und drückt ihr zum Abschied die Hand.

Zur Katechese

Der in der Erzählung angesprochene Konflikt in der Beziehung von Eheleuten belastet auch die betroffenen Kinder. Allerdings sollte in dem Gespräch mit den Kindern von Anfang an deutlich werden, daß dieser Konflikt *ein* Beispiel ist für die sehr verschiedenartigen Schwierigkeiten, die sich im Zusammenleben von Menschen ergeben können. Es ist also in diesem Zusammenhang nicht die

Schuldfrage anzusprechen und auch keine Wertung vorzunehmen. (Auch sollte auf möglicherweise betroffene Kinder Rücksicht genommen werden.)

An diesem einen Beispiel wäre aber mit den Kindern darüber zu sprechen, wie auch sie zur Versöhnung und damit zum Frieden unter den Menschen beitragen können; dies vor allem dann, wenn es nicht um „Dritte" geht, sondern sie selbst die Betroffenen sind. In diesem Zusammenhang kann dann die Schwierigkeit (die von Como und Christian mit ihrem Brief überwunden wird) angesprochen werden, die eine Versöhnung so oft verhindert: daß nämlich selten jemand bereit ist, den ersten Schritt zu tun, weil er sich im Recht fühlt bzw. in einer Position der Stärke verharren möchte (Beispiele aus der Familie, der Klassengemeinschaft usw.).

An Weihnachten aber möchten wir festlich begehen, daß Gott mit seiner Liebe den ersten Schritt gemacht hat. In einem kleinen Kind in der Krippe hat er sich uns schwach und wehrlos ausgeliefert, damit wir mit ihm und untereinander versöhnt würden. Wenn wir diese Versöhnung annehmen und sie immer wieder anderen zuteil werden lassen, dann werden alle ohne Ausnahme (wie in der Erzählung) Beschenkte sein.

Schrifttext: Lk 1, 26—38

(Aus: Lektionar für Gottesdienste mit Kindern)

Aus dem heiligen Evangelium nach Lukas.

Der Engel Gabriel wurde von Gott in die Stadt Nazaret in Galiläa zu einer Jungfrau gesandt. Sie war mit einem Mann namens Josef verlobt, der aus dem Haus David stammte. Der Name der Jungfrau war Maria. Der Engel trat bei ihr ein und sagte: „Sei gegrüßt, du bist voll der Gnade, der Herr ist mit dir!" Sie erschrak über diese Anrede und überlegte, was dieser Gruß zu bedeuten habe.

Da sagte der Engel zu ihr: „Fürchte dich nicht, Maria; denn du hast vor Gott Gnade gefunden. Du wirst ein Kind bekommen, einen Sohn wirst du gebären; dem sollst du den Namen Jesus geben. Er wird groß sein und Sohn des Höchsten genannt werden. Gott, der Herr, wird ihm den Thron seines Vaters David geben. Er wird über das Haus Jakob in Ewigkeit herrschen, und seine Herrschaft wird kein Ende haben."

Maria sagte zu dem Engel: „Wie soll das geschehen, da ich mit keinem Mann zusammenlebe?"

Der Engel antwortete ihr: „Der Heilige Geist wird über dich kommen, und die Kraft des Höchsten wird dich überschatten. Deshalb wird auch das Kind heilig und Sohn Gottes genannt werden. Auch Elisabet, deine Verwandte, hat noch im Alter einen Sohn empfangen; sie ist jetzt schon im sechsten Monat. Denn für Gott ist nichts unmöglich."

Da sagte Maria: „Ich bin die Magd des Herrn; mit mir geschehe, wie du es gesagt hast." Danach verließ sie der Engel.

Nun werden die Figuren der europäischen Gruppe herbeigebracht und vorgestellt.

Während die Kinder die Figuren zur Krippe bringen, folgt das

Lied: GL 107 Macht hoch die Tür, 4. und 5. Strophe

Credolied oder Apostolisches Glaubensbekenntnis.

Anstelle von Fürbitten

P.: Herr Jesus Christus, du bist da, wo Menschen einander achten und Vergebung schenken. Wir kommen mit unseren Anliegen zu dir:

K.: Manchmal gibt es Streit bei uns: zwischen Spielkameraden, zwischen Geschwistern, zwischen Kindern und ihren Eltern, zwischen Vater und Mutter.
Wir warten auf Jesu Liebe, die uns hilft, Versöhnung zu schaffen.

A.: Herr, wir warten auf dein Kommen.
Gib, daß jeder, wo er ist,
spüren mag, schon hier und heute,
daß du, Herr, im Kommen bist.

K.: Manchmal denken wir nur an uns und unsere Wünsche und sehen zu wenig, daß auch andere unsere Freundlichkeit und unsere Hilfe brauchen.
Wir warten auf Jesu Güte, die uns hilft, auch an andere zu denken.

A.: Herr, wir warten auf dein Kommen . . .

K.: Manchmal ist es sehr dunkel in unserer Welt:
Da, wo Menschen einsam und traurig sind, wo Menschen Gewalt anwenden, wo sie einander quälen und vielleicht sogar töten.
Wir warten auf Jesu Kraft, die uns hilft, den Armen und Leidenden beizustehen.

A.: Herr, wir warten auf dein Kommen . . .

K.: Manchmal sind wir weit weg von Gott. Wir denken zu wenig an ihn und wollen unsere eigenen Wege gehen.
Wir warten auf Jesu Hilfe, daß er bei uns einkehrt und uns zu Gottes Kindern macht.

A.: Herr, wir warten auf dein Kommen . . .

P.: Ja, Herr, erhöre unsere Bitten und laß uns dich aufnehmen in unser Leben. Dann können wir den Menschen in Liebe begegnen und ein wenig mehr Frieden und Versöhnung in unsere Welt bringen. Amen.

(Für den Text des Antwortrufes vgl.: Uns wird erzählt von Jesus Christ, Christophorus-Verlag/Verlag E. Kaufmann, Nr. 4.)

Zur Gabenbereitung

Herr und Gott, so wie wir unsere Gaben zum Altar gebracht haben, so wollen wir auch unsere Herzen öffnen für deine Liebe. Du schenkst sie uns in Christus, deinem Sohn. Gib, daß wir uns für ihn bereiten, der mit dir lebt und herrscht in Ewigkeit. Amen.

Nach der Kommunion

Die nachfolgenden Texte werden von je einem Kind gesprochen:

1. K.: Wir warten auf den Einen,
der uns so ganz versteht;
der Zeit hat für uns alle
und immer mit uns geht.
Der weiß, warum wir lachen,
warum wir traurig sind;
der weiß, wie viele Fragen
und Nöte hat ein Kind.

2. K.: Wir warten auf den Einen,
den Gott verheißen hat!
Wir warten in den Dörfern,
wir warten in der Stadt,
auf ihn, den Freund der Kinder,
der Armen in der Welt,
der alle dunklen Nächte
mit seinem Licht erhellt.

3. K.: Erhörst du unser Rufen?
Wir sind doch alle dein!
Komm du in unsre Mitte,
wir wollen dankbar sein.
Der Heiland aller Menschen,
der kommt ja auch für mich!
Sohn Gottes, Freund, Erlöser,
ich warte sehr auf dich!

(Entnommen aus: Christujenna. Kinderlieder zu Advent und Weihnachten aus unserer Zeit, Verlag E. Kaufmann/Christophorus-Verlag, Nr. 6.)

Schlußgebet

Guter Gott, wir haben miteinander gebetet und dich, das Brot des Lebens, empfangen. So hast du uns deine Liebe geschenkt. Wir wollen diese Liebe weitergeben an die Menschen, denen wir begegnen. Dann können wir uns gut vorbereiten auf das Kommen deines Sohnes Jesus Christus, der mit dir lebt und herrscht in Ewigkeit. Amen.

Jesus aufnehmen

Begrüßung und Einführung

Liebe Jungen und Mädchen, liebe Gemeinde!

Die Gnade des Herrn Jesus, der für uns Mensch geworden ist, sei mit euch.

Vom Beginn der Adventszeit an waren wir mit Como und so auch miteinander unterwegs, um den ,,Weihnachtsstern'' zu suchen. Wir haben miterlebt, wie Como den Menschen begegnet ist und dabei viel gesehen und erfahren hat. Und überall da, wo sie Hoffnung gebracht, wo sie Freude geschenkt, wo sie Herberge gegeben und wo sie Versöhnung gestiftet hat, da ist auch ein wenig von dem Weihnachtsstern aufgegangen. Heute strahlt er über der Krippe und will uns sagen, daß mit der Geburt Jesu die Liebe in unsere Welt gekommen ist, in der Menschen aufeinander zugehen und gut zueinander sind.

Nun kommen vier Kinder, die die nachfolgende Besinnung sprechen:

1. K.: Menschen warten auf den Herrn.
Einst kam er in der Armut.
Wo Menschen heute arm sind,
da ist Gott.
2. K.: Menschen warten auf den Herrn.
Einst kam er, um zu helfen.
Wo Menschen heute lieben,
da ist Gott.
3. K.: Menschen warten auf den Herrn.
Einst kam er, zu verzeihen.
Wo Menschen heut vergeben,
da ist Gott.
4. K.: Menschen warten auf den Herrn.
Einst kam er, um zu leiden.
Wo Menschen heute leiden,
da ist Gott.

(Text des gleichnamigen Liedes aus: Christujenna, Nr. 8.)

Jetzt singen alle ein Glorialied.

Gebet

Lieber Gott, jedes Jahr warten wir voll Freude auf das Fest unserer Erlösung, das Weihnachtsfest. Gib, daß wir deinen Sohn von ganzem Herzen als unseren Retter und Heiland aufnehmen, damit wir ihm ohne Angst entgegengehen können, wenn er am Ende der Zeiten als Richter wiederkommt. Er, der in der Einheit des Heiligen Geistes mit dir lebt und herrscht in alle Ewigkeit.

Weihnachtsspiel

Wer nimmt Jesus auf?

Falls Krippenfiguren gebastelt wurden, tragen alle an dem Spiel beteiligten Kinder die an der Krippe bisher noch fehlenden Figuren (Maria, Josef, das Jesuskind und die Hirten) in der Hand; das Weihnachtsspiel kann genausogut auch ohne die Figuren gespielt werden (vgl. Einleitung).

Zwischen den einzelnen Szenen Wechselgesang zwischen einem kleinen Chor und den in der Kirche anwesenden Kindern.

Sprecher:
Ja, liebe Kinder und liebe Leute,
da sitzen wir nun alle und wollen Weihnachten feiern.

Wir sind da, und die Leute aus Afrika sind da,
und die Leute aus Asien und Südamerika sind da.
Der Stern leuchtet hier über der Krippe.

Wie soll es jetzt weitergehen?
Fehlt da nicht noch jemand?
(Das Kind mit der Josefsfigur kommt.)

Da kommt ja einer.
Wer bist du,
und was machst du hier?

Josef:
Ich bin Josef.
Ich suche eine Unterkunft für meine Familie.

Sprecher:
So, eine Unterkunft?
Das müßte doch zu machen sein,
oder hast du besondere Wünsche?

Josef:
Wir möchten da wohnen, wo es keinen Streit gibt
und die Menschen sich vertragen.

Sprecher:
So, so, wo es keinen Streit gibt!
Kinder, was meint ihr,
kann Josef hier bei uns bleiben?

Der Kinderchor (singt):

Wo nur Krieg, wo Streit nur ist, bleibt kein Raum für
Je - sus Christ. Seht, er kommt, wer nimmt ihn auf?

(Hier nach: Wir sagen euch an: Advent. Ein Kalender für die Advents- und Weihnachtszeit, hrsg. vom Bistum Essen, 1980.)

Kinder (antworten): (Melodie: Refrain aus ,,Es ist für uns eine Zeit angekommen'')

Unser Heiland Jesus Christ,
komm zu uns, bleib bei uns,
unser Herz dir offen ist.

(Ein Kind kommt und trägt die Figur der Maria.)

Sprecher:
Da kommt eine Frau.
Wer bist du?

Maria:
Ich bin Maria.
Josef und ich suchen einen Platz für uns
und unser Kind.

Sprecher:
Hast du einen besonderen Wunsch?

Maria:
Ich möchte da wohnen,
wo die Menschen freundlich und hilfsbereit sind.

Sprecher:
Kinder, was meint ihr,
kann Maria sich hier bei uns wohl fühlen?

Kinderchor (singt): (Melodie wie oben)

Wo nur Haß, wo Neid nur ist,
bleibt kein Raum für Jesus Christ.
Seht, er kommt, wer nimmt ihn auf?

→

Kinder (antworten): (Melodie wie oben)

Unser Heiland Jesus Christ,
komm zu uns, bleib bei uns,
unser Herz dir offen ist.

(Ein weiteres Kind kommt und trägt das Jesuskind.)

Sprecher:
Da kommt ein Kind.
Wer bist du denn?

Jesuskind:
Ich bin das Jesuskind.
Ich möchte bei den Menschen wohnen.

Sprecher:
Wie sollen die Menschen denn sein?

Jesuskind:
Ich möchte bei Menschen wohnen,
die gut zueinander sind
und die mich auch liebhaben.

Sprecher:
Was meint ihr, Kinder,
wollt ihr das Jesuskind liebhaben?

Kinderchor (singt): (Melodie wie oben)
Wo nur Eigenliebe ist,
bleibt kein Raum für Jesus Christ.
Seht, er kommt, wer nimmt ihn auf?

Kinder (antworten): (Melodie wie oben)
Unser Heiland Jesus Christ,
komm zu uns, bleib bei uns,
unser Herz dir offen ist.

Sprecher:
Wir freuen uns,
daß Josef, Maria und das Kind
bei uns bleiben wollen.
Jetzt ist wirklich Weihnachten!

(Während die Figuren des Josef, der Maria und des Jesuskindes zur Krippe gebracht werden, erklingt Instrumentalmusik. Die Kerzen am Weihnachtsbaum werden angezündet.)

Die Kinder mit den Figuren der Hirten treten vor.

Verkündigung der Weihnachtsbotschaft (Lk 2, 8—14)

(Aus: Lektionar für Gottesdienste mit Kindern)

Aus dem heiligen Evangelium nach Lukas.
In der Gegend von Betlehem lagerten Hirten auf freiem Feld und hielten Nachtwache bei ihrer Herde. Da trat der Engel des Herrn zu ihnen, und der Glanz des Herrn umstrahlte sie; und es befiel sie große Furcht.
Der Engel aber sprach zu ihnen: ,,Fürchtet euch nicht, denn ich verkünde euch eine große Freude, die dem ganzen Volk zuteil werden soll: Heute ist euch der Retter geboren in der Stadt Davids; er ist der Messias, der Herr. Und dies soll euch als Zeichen dienen: Ihr werdet ein Kind finden, das, in Windeln gewickelt, in einer Krippe liegt.''
Und plötzlich war bei dem Engel eine große himmlische Schar; sie lobte Gott und sprach:
,,Ehre sei Gott in der Höhe
und Friede auf Erden
den Menschen seiner Gnade.''

1. Hirt: Was war das?!
Habt ihr das gesehen?

2. Hirt: Kommt, wir gehen nach Betlehem
und schauen, was da geschehen ist!

3. Hirt: Ja, und wir nehmen Geschenke mit:
eine warme Decke, ein Schafsfell und Milch.
Diese Sachen können sie bestimmt gut für das Kind gebrauchen.

1. Hirt: Los, los, kommt schon!

P.: Sie laufen ganz schnell.
Schließlich kommen sie zu einem Stall. Und da finden sie Maria und Josef und das Kind, das in einer Futterkrippe liegt. Sie erzählen nun alles, was ihnen über dieses Kind gesagt worden ist.
Und alle, die davon hören, staunen über die Worte der Hirten.

Während die Kinder auch die Figuren der Hirten zur Krippe bringen, folgt das

Lied: Hirten, wacht vom Schlafe auf, 1. und 3. Strophe

(Aus: Neue Kinderlieder für Kinder- und Familiengottesdienst, Gustav Bosse Verlag, Regensburg, S. 35.)

Zur Katechese

Die Kinder schildern noch einmal kurz, daß Josef, Maria und das Jesuskind eine Herberge suchen. Sie können aber nur dort wirklich Wohnung nehmen, wo kein Streit ist, wo die Menschen freundlich und hilfsbereit sind, wo man das Jesuskind liebhat und gut zueinander ist. Diese Hinweise aufgreifend, kann dann mit den Kindern über einige Möglichkeiten gesprochen werden, dem Jesuskind ein schönes Heim zu bereiten. Und dort, wo sich die Herzen der Menschen öffnen, dort wird Jesus einkehren, und da kann richtige Weihnachtsfreude sein.

Credolied oder Apostolisches Glaubensbekenntnis.

Fürbitten

P.: Herr Jesus Christus, voll Freude feiern wir das Fest deiner Geburt. Mit dir ist Gottes Liebe in unsere Welt gekommen. Alle Menschen, arme und reiche, junge und alte, sollen sie erfahren. Deshalb bitten wir dich:

K.: Josef hat sich auf den Weg gemacht, um für dich eine Herberge zu suchen.
Laß auch uns bereit sein, für dich Mühe und Zeit aufzubringen.

A.: Wir bitten dich, erhöre uns.

K.: Maria hat einen Platz für dich gesucht, wo es keinen Haß und keinen Neid gibt.
Laß uns freundlich und hilfsbereit sein, damit du bei uns einkehren kannst.

A.: Wir bitten dich, erhöre uns.

K.: Du möchtest da bleiben, wo die Menschen Liebe schenken.
Laß uns nicht so viel an uns selbst denken, sondern uns bereit machen für dich.

A.: Wir bitten dich, erhöre uns.

K.: Wir sind hier in unserer Gemeinschaft zusammen und freuen uns über die Botschaft von deiner Geburt.
Kehre auch bei den Menschen ein, die heute einsam oder krank sind, und schenke ihnen deine Weihnachtsfreude.

A.: Wir bitten dich, erhöre uns.

K.: Wir denken an die vielen Kinder, die in Armut und Not geboren werden.
Laß uns dabei mithelfen, daß auch in ihrem Leben ein wenig von der Weihnachtsfreude zu spüren ist.

A.: Wir bitten dich, erhöre uns.

P.: Herr, unser Gott, das Fest der Geburt deines Sohnes ist wie ein Licht in einer dunklen Nacht. In ihm schenkst du selbst dich uns und zeigst uns, wie lieb du uns hast. Laß uns deine Liebe mit den Menschen teilen, damit sie auch durch uns deine Freude und deinen Frieden erfahren. Darum bitten wir durch Christus, unseren Herrn.

Zur Gabenbereitung

Gott, unser Vater, mit großer Freude haben wir unsere Gaben bereitgestellt. Wir bringen dir nicht nur Brot und Wein, sondern wir möchten
dir auch unsere Liebe und unseren guten Willen schenken. Nimm gnädig
alle Gaben an; darum bitten wir dich durch Christus, unseren Herrn.

Drittes Hochgebet für Eucharistiefeiern mit Kindern (aus: ,,Fünf Hochgebete'')
mit den Texten für Weihnachten

Nach der Kommunion

sprechen drei Kinder den folgenden Text:

1. K.: Kam ein Kindlein ins Menschenland,
aus dem Himmel von Gott gesandt.
Liegt nun auf Stroh im Krippelein,
läßt du es in dein Herz hinein?

2. K.: Kam ein Kindlein, das Gotteswort.
Menschen verschlossen ihm jegliche Pfort.
Tiere des Stalles ließen es ein. —
Läßt du es in dein Herz hinein?

3. K.: Kam ein Kindlein ins Menschenleid,
uns zu erlösen, allen zur Freud.
Will auch bei dir zu Gaste sein.
Läßt du es in dein Herz hinein?   (Elisabeth Kahlenbach)

Schlußgebet

Guter Gott, nun haben wir hier zusammen das Geburtsfest Jesu began-
gen. Aber auch zu Hause wollen wir noch Weihnachten feiern. Wir werden uns beschenken und fröhlich sein. Hilf du uns, daß wir in unserer
Familie und bei unseren Freunden die Botschaft der Geburt Jesu nicht
vergessen: Wir wollen Menschen sein, die sich vertragen, die sich helfen
und die einander lieben. Dann wird Jesus auch bei uns zu Hause sein
und uns allen seine Liebe schenken; dann wird es für uns alle ein geseg-
netes, frohes Weihnachtsfest durch ihn, Christus, unseren Herrn.

(Alle Gottesdienstteilnehmer werden eingeladen, sich die Hände zu reichen und ein frohes
Weihnachtsfest zu wünschen.)

Segen

Die Weihnachtsbotschaft bringt eine große Freude,
die allen Menschen zuteil werden soll.
Weil Jesus geboren wurde,
sind wir alle Kinder Gottes geworden.
So wollen wir aus seiner Gnade leben,
wir wollen seinen Frieden verkünden
und Boten seiner Freude werden.
Dazu begleite uns der Segen unseres Gottes,
des Vaters und des Sohnes und des Heiligen Geistes. Amen.

Den Glauben bekennen

Einführung

P.: Im Namen des Vaters und des Sohnes und des Heiligen Geistes. Amen. Gnade und Freude aus dem Glauben an unseren Herrn Jesus Christus sei mit euch!

Liebe Mädchen und Jungen, liebe Gemeinde! Gestern haben wir ein großes Fest gefeiert. Die festlich geschmückte Kirche und vor allem unsere Krippe mit den Figuren von Maria, Josef und dem Jesuskind sind Zeichen für das Fest der Geburt Jesu. Mit diesem Fest denken wir voll Freude daran, daß Gott zu uns gekommen ist. In Jesus will er uns für immer ganz nahe sein.

Heute denken wir an einen Mann, der das gepredigt und auch danach gelebt hat. Er ist sogar dafür getötet worden.

Manche von euch ahnen vielleicht schon, wen ich meine; die tragen nämlich ihren Namen nach diesem Mann; sie haben heute Namenstag (Stephan/Stephanie).

Wenn wir an Stephanus denken, dann soll uns das daran erinnern, daß auch wir eingeladen sind, den Menschen durch unsere Worte und Taten Gottes Liebe zu verkünden.

Bußakt

K.: Herr Jesus Christus, du suchst Menschen, die deine Liebe weiterschenken, die Gutes tun und Freude bringen. Dazu brauchst du auch uns.

P.: Herr, erbarme dich!   *A.:* Herr, erbarme dich!

K.: Herr Jesus Christus, du suchst Menschen, die auf deine Worte hören und deine gute Botschaft anderen weitersagen. Dazu suchst du auch uns.

P.: Christus, erbarme dich!   *A.:* Christus, erbarme dich!   →

K.: Herr Jesus Christus, du suchst Menschen, die ihre Kraft dafür einsetzen, denen zu helfen, die schwach und mutlos sind. Dazu suchst du auch uns.

P.: Herr, erbarme dich! *A.:* Herr, erbarme dich!

Glorialied

Gebet

Guter Gott, wir danken dir, daß du uns in Jesus deine Liebe geschenkt und uns zu deinen Kindern gemacht hast. Gib, daß auch durch uns deine Liebe zu den Menschen gelangen kann, und mache uns bereit, für den Glauben an dich einzutreten. Darum bitten wir durch Christus, unseren Herrn.

Drei Kinder bringen die Figuren herbei, die die Familie Novak darstellen sollen, und plazieren sie gut sichtbar in der Nähe des Altars.

P.: Jetzt wollt ihr sicher erfahren, was es mit diesen Figuren auf sich hat?

Erzählung

Der Besuch bei Novaks

Die Rechenstunde verläuft heute anders als sonst. Frau Schreiber, die Lehrerin, hat gerade die ersten Aufgaben an die Tafel geschrieben, da klopft es. Die Tür geht auf, und die Rektorin, Frau Stöcker, kommt in die Klasse. Mit ihr kommt ein Junge herein, der ein wenig scheu und zugleich neugierig um sich schaut.

„Entschuldigung für die Störung", sagt die Rektorin zu Frau Schreiber, und dann zu den Kindern: „Ich möchte euch Karel vorstellen. Er stammt aus einem Nachbarland, aus der Tschechoslowakei. Er wird nun mit in eure Klasse gehören."

Karel bekommt den freien Platz neben Sandra. Alle sind jetzt natürlich neugierig auf ihn und wollen ihn manches fragen. Zum Glück ist die Stunde sowieso schon fast vorbei, und in der Pause drängen sich alle um Karel. Einige wollen wissen, wieso Karels Familie nach Deutschland gekommen ist. „Als mein Vater aus dem Gefängnis frei kam, mußten wir das Land verlassen", erzählt Karel. Die Kinder schauen auf einmal ganz betreten. Karels Vater im Gefängnis? Como faßt sich als erste. „Hat er denn was Böses getan?" fragt sie. „In meiner Heimat werden die Christen unterdrückt. Deshalb ist ihnen fast alles verboten. Meine Eltern konnten mich nur heimlich taufen lassen; vier Jahre war ich da alt. Dann hat mein Vater einen Brief unseres Bischofs vervielfältigt und an andere Christen weitergegeben. Einige Tage später wurde er verhaftet. Bei seinem Abschied sagte er noch: Es ist ein bißchen wie bei meinem Namenspatron.''

,,Sein Namenspatron?'' fragt Como neugierig, ,,wer ist das denn?''
,,Der heilige Stephanus'', Karels Stimme klingt ein wenig stolz, ,,mein Vater heißt nämlich Stepan, Stepan Novak.''

,,Und was war mit dem Stephanus?'' Comos Wangen sind richtig rot geworden vor Aufregung und Neugier. ,,Er war einer der ersten Christen in Jerusalem'', antwortet Karel, ,,und er ist für seinen Glauben eingetreten. Aber das mit Stephanus kann mein Vater viel besser erzählen. Komm uns doch heute nachmittag besuchen, dann wird er dir alles genau berichten.''

Am Nachmittag ist Como richtig gespannt darauf, was sie wohl in Erfahrung bringen kann. Als sie an der Tür klingelt, wird sie von Herrn Novak freundlich empfangen. ,,Du bist also das Mädchen, das den Stephanus näher kennenlernen will'', sagt er lächelnd. Dabei gehen sie ins Wohnzimmer. Auch Karel und Frau Novak setzen sich zu ihnen.

,,Also, das mit dem Stephanus war so'', beginnt Herr Novak. ,,Ganz am Anfang bildeten die ersten Christen in Jerusalem nur eine kleine Gemeinde. Bald aber kamen immer mehr Menschen hinzu. Immer mehr Menschen wollten zu Jesus gehören. Unter ihnen gab es auch viele Arme und Witwen. An sie wurde Essen verteilt. Niemand sollte hungern. Aber allein konnten die Apostel die ganze Arbeit nicht mehr schaffen. Gottesdienst halten, predigen und die Armen versorgen, das war für sie allein zu viel. Deshalb riefen die Apostel alle Christen zusammen und besprachen sich mit ihnen.''

,,Ist denn dabei etwas beschlossen worden?'' fragt Como dazwischen. Sie ist ganz bei der Sache.

,,Ja'', fährt Herr Novak fort, ,,die Versammlung wählte sieben Männer. Die sollten den Aposteln helfen. Sie sollten sich um die Armen kümmern.''

,,Und einer von den sieben Männern war der Stephanus?'' vermutet Como. ,,Richtig, einer von ihnen war der Stephanus. Er war voll Weisheit und Gottes Kraft. Er predigte den Menschen, daß Jesus von Gott gesandt ist; daß er der Messias ist, der den Menschen Gottes Liebe gebracht hat. Aber all das wollten die Hohenpriester und die Führer des jüdischen Volkes nicht hören, nicht das über Jesus. Deshalb behaupteten sie: Stephanus ist gegen das Gesetz und gegen Gott! Schließlich schleppten sie ihn sogar vor Gericht. Da traten auch falsche Zeugen auf. Die sagten ebenfalls: Stephanus ist gegen das Gesetz und gegen den Tempel. Und auch von Jesus hat er gesprochen. Da starrten alle den Stephanus an. Sein Gesicht aber leuchtete, als sei ein Engel Gottes erschienen. Da fragte ihn der Hohepriester: Stimmt das, was die Leute hier gegen dich sagen? Stephanus antwortete mit einer langen Rede. Und er sprach von Jesus. Er sagte: Ihr habt Jesus getötet. Aber er war von Gott gesandt. Er ist von Gott zu uns Menschen gekommen. Als sie das hörten, gerieten sie in solche Wut, daß sie mit den Zähnen knirschten. Stephanus aber war von Gottes Geist erfüllt. Er war wie verwandelt. Er rief: Ich sehe Gott, und ich sehe Jesus. Als sie das hörten, da hielt sie nichts mehr. Sie stürmten auf Stephanus los und trieben ihn zur Stadt hinaus. Dort stürzten sie ihn einen Abhang hinunter und warfen schwere Steine auf ihn. Stephanus betete noch: Jesus, nimm mich zu dir. Und auch noch: Jesus, vergib ihnen ihre Schuld. Dann brach er zusammen. Er war tot. Sie hatten ihn gesteinigt. Später kamen einige Christen und trugen Stephanus zu Grabe. Sie trauerten um Stephanus.''

Als Herr Novak geendet hatte, war es eine Weile still. Dann schaute Como zu Karel hinüber. ,,Jetzt verstehe ich, warum dein Vater bei seiner Verhaftung gesagt hat: Es ist ein bißchen wie bei meinem Namenspatron.''

Später, als sie wieder zu Hause ist, denkt Como noch einmal an die Worte des Stephanus, daß er Gott gesehen hat. ,,Ob das wohl auch etwas mit dem Weihnachtsstern zu tun hat?'' überlegt sie.

Zur Katechese

Ausgangspunkt für das Gespräch mit den Kindern könnte sein, die in der Erzählung enthaltenen Informationen über Person und Schicksal des Stephanus zusammenzutragen (,,Ihr habt sicher behalten, was Como über Stephanus in Erfahrung bringen konnte?''). Eventuell können die Kenntnisse der Kinder noch durch einige weitere Angaben vertieft werden. Man sollte jedoch auf jeden Fall (weil gegen die historischen Tatsachen) vermeiden, Stephanus als Diakon zu bezeichnen. Auch Lukas benutzt diese Amtsbezeichnung — wohl aus gutem Grund — an keiner Stelle für die Mitglieder des Siebenerkreises (im Gegenteil wird Philippus, einer der Sieben, in Apg 21,8 sogar als Evangelist benannt). Als die zentrale Aussage sollte herausgestellt werden, daß Stephanus den Glauben gelebt und verkündet hat: Jesus ist von Gott gesandt, er ist der erwartete Messias Gottes, er bringt uns Gottes Liebe! Mit diesem Bekenntnis trifft er auf den Widerstand und die Ablehnung vieler Menschen, aber er bleibt seinem Glauben treu und tritt für ihn sogar mit seinem Leben ein. So wurde er der erste, der in der Kirche für den Glauben an Jesus gestorben ist.

Als Brücke zu Erfahrungen in der Gegenwart könnte das angedeutete Schicksal von Herrn Novak dienen, der wie sein Namenspatron Stephanus in eine Bekenntnissituation gerät und seinem Glauben treu bleibt. Man sollte die Thematik der Christenverfolgung in diesem Zusammenhang allerdings nicht zu stark ausführen, sondern sich mit einigen wenigen Hinweisen darauf begnügen, daß Christen in anderen Ländern es oft viel schwerer haben als wir, ihren Glauben zu leben.

Ausführlicher und möglichst konkret wäre dagegen mit den Kindern darüber zu sprechen, wie auch wir in unserer Umwelt den Glauben bekennen und damit ein wenig dem Vorbild des Stephanus folgen können (Beispiele: Zur sonntäglichen hl. Messe kommen, auch wenn andere uns auslachen oder für altmodisch halten; bei Tisch beten, auch wenn andere es längst aufgegeben haben; bei einem Streit in der Klasse nicht Gleiches mit Gleichem vergelten, sondern zur Versöhnung bereit sein usw.).

Möglicherweise kann zum Abschluß auch noch kurz auf den Schlußsatz der Erzählung und seine inhaltliche Bedeutung eingegangen werden.

— Während von Kindern die Figuren der Familie Novak zur Krippe gebracht werden, folgt das

Lied: GL 521 Herr, gib uns Mut zum Hören, 1. und 2. Strophe

Evangelium: Mt 10, 17—22

(Aus: Lektionar V. Die Schriftlesungen für die Gedenktage der Heiligen, S. 334 f.)

Aus dem heiligen Evangelium nach Matthäus.

Jesus sagte zu seinen Jüngern: Nehmt euch vor den Menschen in acht. Denn sie werden euch vor die Gerichte bringen und in ihren Synagogen auspeitschen. Ihr werdet um meinetwillen vor Statthalter und Könige geführt, damit ihr vor ihnen und den Heiden Zeugnis ablegt. Wenn man euch vor Gericht stellt, macht euch keine Sorge, wie und was ihr reden sollt; denn es wird euch in jener Stunde eingegeben, was ihr sagen sollt. Denn nicht ihr werdet dann reden, sondern der Geist eures Vaters wird durch euch reden. Brüder werden einander dem Tod ausliefern und Väter ihre Kinder, und die Kinder werden sich gegen ihre Eltern auflehnen und sie in den Tod schicken. Und ihr werdet um meines Namens willen von allen gehaßt werden; wer aber bis zum Ende standhaft bleibt, der wird gerettet.

Credolied oder Apostolisches Glaubensbekenntnis.

Fürbitten

P.: Herr Jesus Christus, der heilige Stephanus hat die große Liebe Gottes zu uns Menschen in Wort und Tat verkündet und ist dir treu geblieben bis in den Tod. Wir bitten dich:

K.: Hilf uns, auf deine gute Botschaft nicht nur zu hören, sondern auch danach zu handeln.

A.: Wir bitten dich, erhöre uns.

K.: Schenke uns ein wenig von dem Mut und der Tapferkeit des heiligen Stephanus, wenn wir uns für deine Botschaft einsetzen.

A.: Wir bitten dich, erhöre uns.

K.: Laß alle Menschen, die wegen ihres Glaubens verfolgt werden, deine Hilfe erfahren.

A.: Wir bitten dich, erhöre uns.

K.: Laß uns daran mitarbeiten, daß keine Menschen gekränkt oder ausgestoßen werden.

A.: Wir bitten dich, erhöre uns.

K.: Schenke uns Kraft und Ausdauer, wenn wir den Menschen deine Liebe und deine Freude bringen.

A.: Wir bitten dich, erhöre uns.

K.: Hilf allen, die heute Namenstag haben, ihrem Namenspatron ähnlich zu werden.

A.: Wir bitten dich, erhöre uns.

P.: Ja, Herr, laß uns dem Beispiel des heiligen Stephanus folgen. Dann werden deine Liebe und dein Frieden auch durch uns zu den Menschen kommen. Amen.

Zur Gabenbereitung

Gott, unser Vater, unter den Zeichen von Brot und Wein willst du uns Jesus, deinen Sohn, schenken. Damit zeigst du uns, wie lieb du uns hast. Auch wir sollen wie der heilige Stephanus deine Liebe verkünden und treu bleiben in deinem Dienst. Stärke uns dazu mit deiner Kraft durch Christus, unseren Herrn. Amen.

Präfation
und Votivhochgebet „Versöhnung" (aus: „Fünf Hochgebete")

Nach der Kommunion

1. K.: Herr, laß das Böse geringer werden
und das Gute um so kräftiger sein.

2. K.: Laß alle Traurigkeit aufhören
und Freude sich ausbreiten.

1. K.: Laß uns die anderen achten
und einander behilflich sein.

2. K.: Laß die Streitigkeiten aufhören
und die Suche nach Verständnis wachsen.

1. K.: Laß uns wohnen können auf Erden
und deine Gaben gerecht miteinander teilen.

2. K.: Laß Frieden unter den Menschen sein,
Frieden im Herzen — wie beim heiligen Stephanus.

(Nach Gotteslob 8,2)

Schlußgebet

Herr, unser Gott, dein Sohn Jesus Christus ist unter uns Menschen geboren worden und hat uns deine Liebe gebracht. Darüber freuen wir
uns. Laß uns dir treu bleiben und wie der heilige Stephanus deine Liebe
vor den Menschen bekennen. Darum bitten wir durch Christus, unseren
Herrn. Amen.

Weitere Materialien

Wer für den Gottesdienst nicht auf die vorstehende Erzählung ,,Der Besuch bei Novaks''
zurückgreifen möchte, kann als Impuls für das Gespräch mit den Kindern (dann in Verbindung mit dem Schrifttext Apg 6,1—15; 7,54—60; 8,1—3) eines der folgenden Bilder
benutzen:
a) ,,Steinigung des Stephanus'' (Wandmalerei aus S. Juan in Bohl), in: Bilder zum Kirchenjahr 11 (Christophorus-Verlag), Dia 11.
b) ,,Stephanus'', in: Farbholzschnitte zur Bibel von Thomas Zacharias, Dia 24 (Kösel-
Verlag).

Wir haben seinen Stern gesehen

Lied zum Einzug: Stern über Bethlehem, zeig uns den Weg, 1. und 2. Strophe

Falls der Gottesdienst zugleich Aussendungsfeier für die Sternsinger ist, gestalten sie den Einzug mit.

Begrüßung und Einführung

P.: Wir sind zusammengekommen im Namen des Vaters und des Sohnes und des Heiligen Geistes. Amen. Gottes Liebe und sein Friede sei mit euch!

Noch nicht ganz vierzehn Tage sind seit dem Weihnachtsfest, dem Fest der Geburt Jesu, vergangen. Da haben wir unsere Freude darüber gezeigt, daß Gott uns ganz nahe sein will, daß er uns all seine Liebe schenken möchte. Dazu hat er uns Jesus gesandt, unseren Herrn, als Kind geboren in unserer Welt.

Aber weil uns Gottes Liebe in einem Kind geschenkt ist, erscheint sie uns oft so unscheinbar und so verborgen. Daher müssen wir genau auf die Zeichen dieser Liebe Gottes achten. Das geschieht nicht, indem wir einfach die Hände in den Schoß legen, sondern es ist wie ein Weg, zu dem wir aufbrechen, um Gott zu finden und seine Liebe zu erfahren.

Die Bibel erzählt immer wieder von Menschen, die sich zu einem solchen Weg aufgemacht haben. Zu ihnen gehören die Weisen aus dem Morgenland, die von dem Stern zu Jesus geführt wurden.

Lobpreis

(Drei Kinder kommen als „Botschafter" jeweils nacheinander — möglichst von verschiedenen Seiten — in den Altarraum):

1. K.: Was alle Zeiten sich erhofften,
nimmt unter uns nun seinen Lauf.
Es kommt der Herr den Menschen nahe,
Menschen, tut eure Augen auf!

2. K.: Jetzt strahlt sein Stern in alle Nächte,
Gottes Gabe ist der Herr.
Gottes Sohn, den wir erwarten,
wer anders lebt für uns als er?

3. K.: Fremde kommen mit Geschenken,
der ferne Osten huldigt ihm.
Laßt es ein jedes Herz bedenken,
wie nahe er uns ist, der Herr.

(Leicht abgeänderte Fassung eines Textes von Huub Oosterhuis: ,,Ein einfaches Weih-
nachtslied", aus: Du bist der Atem meiner Lieder, Christophorus-Verlag.)

P.: In unserer Welt ist es oft so kalt, weil es zu wenig Liebe gibt: Menschen streiten sich, sie mißtrauen einander und sind manchmal voller
Neid. Deshalb ist Jesus Christus in unsere Welt gekommen: Er ist das
große Geschenk der Liebe Gottes an uns Menschen. Er schenkt uns
Kraft, einander zu verstehen und Frieden zu schaffen. Ihn wollen wir
mit Freude aufnehmen und preisen:

Alle (singen): Kommt, lasset uns anbeten, kommt, lasset uns anbeten,
kommt, lasset uns anbeten den König, den Herrn.   GL 143

Oder: Lobet und preiset, ihr Völker, den Herrn, freuet euch seiner und
dienet ihm gern!   GL 282

P.: In unserer Welt ist es oft so dunkel: Menschen haben viele Fragen,
manche sind allein oder traurig. Doch Jesus Christus ist das Licht Gottes für unsere Welt. Er möchte alle Finsternis erhellen und so den Menschen Hoffnung bringen. Ihn beten wir an als das Licht unseres Lebens:

Alle (singen): Kommt, lasset uns anbeten . . .

Oder: Lobet und preiset . . .

P.: Unsere Welt ist oft so arm, weil Menschen zu viel nur an sich denken. Sie sind zu wenig bereit, sich um andere zu sorgen und mit ihnen zu
teilen. Doch durch Jesus Christus sind wir alle reich geworden. In ihm
ist Gott selbst für uns da. Er will uns helfen, uns füreinander zu öffnen.
Ihm danken wir und singen unser Lob:

Alle (singen): Kommt, lasset uns anbeten . . .

Oder: Lobet und preiset . . .

Gebet

Herr, unser Gott, in großer Freude danken wir dir, daß Jesus Christus zu uns Menschen gekommen ist. Ihn wollen wir anbeten als den Herrn unseres Lebens. Wir wollen mithelfen, daß auch andere den Weg zu ihm finden und sich über ihn freuen, der mit dir lebt und herrscht in Ewigkeit. Amen.

Lied: Seht ihr unsern Stern dort stehen, 1. u. 2. Strophe

Kinder bringen nun die Figuren, die die drei Weisen in moderner Gestalt darstellen. Sie werden in der Nähe des Altars gut sichtbar aufgestellt. Kurze Beschreibung durch die Kinder, evtl. auch Vermutungen, wen diese Figuren darstellen. Hinweis des Priesters: ,,Ihr wollt sicher wissen, um wen es sich bei den drei Figuren handelt?'' Damit Überleitung zur

Erzählung

Como gibt eine Botschaft weiter

Es ist in den Tagen nach Weihnachten. Die Schule hat noch nicht wieder begonnen. Obwohl Como gern zur Schule geht, ist sie richtig froh, daß sie jetzt einmal keine Hausaufgaben zu machen braucht. ,,Da sind die Nachmittage gleich viel länger'', denkt sie. So hat sie genügend Zeit, ein wenig an den Schaufenstern der Spielwarengeschäfte entlang zu bummeln. Vielleicht kann sie bei der Gelegenheit ein schönes Kleidchen für ihre neue Puppe entdecken.

Um diese Zeit, in den Wochen um Weihnachten, wird es an manchen Tagen gar nicht erst richtig hell. Schon am frühen Nachmittag setzt langsam die Dunkelheit wieder ein. Nur in den Geschäftsstraßen ist nicht viel zu spüren davon. Hunderte von Sternen und Bändern mit elektrischer Beleuchtung verbreiten ihr Licht. Um sie herum hasten und drängeln die Leute.

Como ist ganz nachdenklich geworden. Fast ohne es zu bemerken, läßt sie den belebten Teil der Stadt hinter sich. Bald begegnen ihr immer weniger Menschen, und es dauert nicht lange, da ist sie ganz allein unterwegs. Langsam und mit kleinen Schritten geht sie den einmal eingeschlagenen Weg entlang.

,,Na kleines Fräulein, so in Gedanken versunken?'' hört sie plötzlich eine Stimme neben sich. Como schrickt richtig zusammen. Als sie aufschaut, sieht sie in die freundlichen und fast ein bißchen schelmisch blitzenden Augen eines älteren Herrn. Er ist nicht besonders groß und ein wenig rundlich von Gestalt. Zuerst kann Como sich nicht erklären, wo-

her er gekommen sein könnte, aber dann sieht sie, daß sie an einer Weg-
kreuzung stehen. Er ist also aus einer anderen Richtung gekommen.

„Gestatte, daß ich mich dir vorstelle", sagt er und macht dabei eine
kleine Verbeugung, „Guggenbühler ist mein Name, Bürgermeister Guggenbühler." „Und ich bin die Como, guten Tag." Sie geben einander
die Hand. „Ich hatte so einiges, über das ich nachgedacht habe", erklärt Como ihm, „aber Sie sehen auch nicht gerade fröhlich aus!" „Ja,
da hast du wohl richtig beobachtet." Der Bürgermeister macht eine
Pause. „Ich will's dir erklären. Ich glaube, du wirst mich verstehen",
sagt er dann. „Schau, als Bürgermeister möchte ich mit dafür sorgen,
daß die Menschen gut miteinander auskommen und Freude haben am
Leben. Aber häufig passiert genau das Gegenteil. Die Kinder sind traurig darüber, daß sie zu wenig Platz zum Spielen haben. Immer wieder
wird etwas zugebaut und zugepflastert für die Autos mit ihren Abgasen.
Und die Schulen sind oft so riesig groß, daß manche richtig Angst bekommen in ihnen. Die Erwachsenen sind auch nicht immer glücklich,
weil es zu viel Streit und Eifersucht gibt. Jeder will mehr haben und besser sein als der andere. Und alles wird regiert vom Geld. Viele fordern
immer mehr, sind aber selten bereit, sich auch einmal ohne Bezahlung
für andere einzusetzen." Wieder macht der Bürgermeister eine Pause.
„Ich habe lange darüber nachgedacht", fährt er dann fort. „Ich glaube,
unter uns Menschen gibt es zu wenig Liebe." Und langsam und fast ein
wenig feierlich fügt er hinzu: „Ich suche danach, wo es wirklich echte
Liebe gibt für die Menschen. Sie würde unser Leben froher machen."

Während beide noch einen Augenblick über ihr Gespräch nachden-
ken, kommt jemand aus einem Seitenweg zu ihnen hinzu. An ihm fallen
sofort die lustige Fliege und die große Brille auf. „Ich habe Ihre letzten
Worte mit angehört", wendet er sich an den Bürgermeister. „Mir geht
es ähnlich wie Ihnen. Mit meinen Mitarbeitern suche und forsche ich,
und wir machen eine Menge Erfindungen und Entdeckungen. Wir wollen den Menschen damit helfen. Aber sie benutzen unsere Arbeit, um
mehr Macht über andere zu bekommen, einander zu bedrohen oder sogar Schaden zuzufügen. Ich bin manchmal ganz verzweifelt. *Was hilft
den Menschen wirklich?* Das ist nur noch meine einzige Frage. Ich will
sie nennen: Die Frage nach der Wahrheit. Ja, ich bin auf der Suche nach
der Wahrheit. Ach, übrigens, da fällt mir ein, ich habe mich noch gar
nicht vorgestellt: Ich bin Professor Weißenborn."

Gerade hat der Professor seinen Namen genannt, da gesellt sich noch
jemand zu dem kleinen Kreis. Er trägt einen dunkelgrünen Rollkragen-
pullover und sieht noch recht jung aus. „Ich heiße Heiner Kohlmann

und bin Schriftsteller", beginnt er. „Ich möchte Geschichten schreiben für die Menschen, schöne Geschichten. Aber wohin ich auch blicke, ich sehe so viel Tod und Zerstörung: Wälder und Wiesen werden vergiftet, Flüsse und Seen verunreinigt, Millionen von Menschen haben nicht genug zu essen, und es gibt keinen Tag, an dem nicht irgendwo in der Welt Krieg ist. Manchmal habe ich den Eindruck, daß es keine Zukunft mehr gibt für unsere Erde. Aber noch habe ich nicht aufgegeben. Ich bin auf der Suche nach neuer Hoffnung für die Menschen. Ja, ich will für sie das Licht der Hoffnung finden." Der Schriftsteller macht eine Pause. Nach einer kleinen Weile fügt er fragend hinzu: „Vielleicht können wir uns gegenseitig helfen?"

Como ist noch nachdenklicher geworden. Sie schaut die drei an. Sie erinnert sich. Und dann sagt sie: „Hört mal, mir ist da etwas eingefallen. Das möchte ich euch erzählen." Und sie erzählt eine Geschichte, eine Geschichte von drei Männern, die aufmerksam genug waren, das Licht eines besonderen Sterns zu entdecken. Dieser Stern leitete sie dann auf einem Weg, der sie bis nach Betlehem, dem Ziel ihrer Reise, führte. Der Schriftsteller, der Professor und der Bürgermeister hören aufmerksam zu. Als Como geendet hat, sagen sie übereinstimmend: „Du hast uns sehr geholfen. Wir danken dir. Jetzt wissen wir, wo wir Hoffnung, Wahrheit und Liebe finden können." Dann verabschieden sie sich freundlich und machen sich auf den Weg.

Zur Katechese

Wie unschwer zu erkennen ist, greift die vorstehende Erzählung einzelne Motive der Perikope Mt 2,1—12 auf und versucht, sie in die heutige Zeit und Umwelt zu übertragen. Das bedeutet aber nicht, daß die Erzählung den biblischen Text ersetzen bzw. den ganzen Reichtum und die Tiefe seiner Aussage erschließen kann oder soll. Sie will vielmehr das Interesse der Kinder (und Erwachsenen?) wecken und als Hinführung zur biblischen Botschaft dienen, indem sie gewissermaßen als „Brücke" den Abstand zwischen dem damaligen Text und der heutigen Erfahrungswelt überspannt und so zur Hineinnahme der biblischen Botschaft in das eigene Leben führt.

Als Anknüpfungspunkt bietet sich die Überlegung an, die Como angesichts der hell erleuchteten Geschäftsstraßen anstellt („Ihr erinnert euch sicher, welcher Gedanke Como kommt, als sie die vielen Weihnachtslichter sieht?"). Kurzes Gespräch darüber, worin so manche Dunkelheit in den Herzen der Menschen konkret besteht. Daran anschließend könnten die Personen (Bürgermeister, Wissenschaftler, Schriftsteller) benannt werden, die offenbar ähnliche Erfahrungen von Dunkelheit in der Welt machen. Kurze Rekapitulation des Vorgangs mit Benennung der von den drei „Weisen" gemachten Erfahrungen wie auch der Inhalte (Liebe, Wahrheit, Hoffnung), nach denen sie suchen.

Im zweiten Teil des Gesprächs sollte zunächst angesprochen werden, auf welche Art Como den drei „Weisen" hilft: Sie erzählt von den Magiern, die von einem Stern an die Krippe nach Betlehem geführt werden. Dabei können die Kinder das erzählen, was sie von dem biblischen Text kennen.

Eventuell können noch einige Ergänzungen vorgenommen werden; allerdings brauchen nicht alle Einzelheiten zur Sprache zu kommen, da der Text selbst ja noch verlesen wird. Besonderes Gewicht innerhalb des Gesprächs sollte aber die Verdeutlichung dessen haben, welche Botschaft Como damit weitergibt, daß sie von den Magiern aus dem Osten erzählt: Wenn die Magier den Erlöser der Welt gesucht und ihn in dem neugeborenen Kind in der Krippe gefunden haben, dann ist uns in ihm die ganze Liebe Gottes (und damit auch: Wahrheit und Hoffnung) geschenkt. In ihm ist Gott ganz für uns da. Schon wenn Menschen einander Liebe schenken (Mutter dem Kind, Kinder sich gegenseitig usw.), dann hilft das zu leben. Um wieviel mehr erst, wenn uns die Fülle der Liebe Gottes geschenkt ist. Daß diese Liebe mit Jesus Christus in unserer Welt erschienen ist, das verkündet Como mit der Geschichte von den Magiern, die Jesus gefunden haben. Das feiern wir auch heute, und deshalb sind wir gekommen, Christus, unseren Herrn, anzubeten.

Während die Figuren der drei „Weisen" von Kindern zur Krippe gebracht werden, folgt als Zwischengesang das

Lied: Heller Stern in der dunklen Nacht, 1.—3. Strophe

mit folgendem, etwas abgewandeltem Refrain:

Heller Stern in der dunklen Nacht,
zeig allen Menschen den Weg zur Krippe.
Heller Stern in der dunklen Nacht,
Gott hat Licht in die Welt gebracht.

Überleitung

(z.B. „Nun wollen wir alle die Erzählung hören, deren Botschaft Como weitergegeben hat") zum

Evangelium: Mt 2, 1—12

(Aus: Lektionar für Gottesdienste mit Kindern)

Aus dem heiligen Evangelium nach Matthäus.
Als Jesus zur Zeit des Königs Herodes in Betlehem in Judäa geboren worden war, kamen Weise aus dem Osten nach Jerusalem und fragten: „Wo ist der neugeborene König der Juden? Wir haben seinen Stern aufgehen sehen und sind gekommen, um ihm zu huldigen." Als König Herodes das hörte, erschrak er und mit ihm ganz Jerusalem. Er ließ alle

Hohenpriester und Schriftgelehrten des Volkes zusammenkommen und erkundigte sich bei ihnen, wo der Messias geboren werden sollte. Sie antworteten ihm: ,,In Betlehem in Judäa." Denn so steht es bei dem Propheten:
Du, Betlehem im Gebiet von Juda,
bist keineswegs die unbedeutendste
unter den führenden Städten von Juda;
denn aus dir wird ein Fürst kommen,
der Hirt meines Volkes Israel.
Danach rief Herodes die Weisen heimlich zu sich und ließ sich von ihnen genau die Zeit sagen, wann der Stern erschienen war. Dann schickte er sie nach Betlehem und sagte: ,,Geht und forscht sorgfältig nach, wo das Kind ist; und wenn ihr es gefunden habt, berichtet mir, damit auch ich hingehe und ihm huldige."
Nach diesen Worten des Königs machten sie sich auf den Weg. Und der Stern, den sie hatten aufgehen sehen, zog vor ihnen her bis zu dem Ort, wo das Kind war; dort blieb er stehen. Als die Weisen den Stern sahen, wurden sie von großer Freude erfüllt. Sie gingen in das Haus und sahen das Kind und Maria, seine Mutter; da fielen sie nieder und huldigten ihm. Dann holten sie ihre Schätze hervor und brachten ihm Gold, Weihrauch und Myrrhe als Gaben dar. Weil ihnen aber im Traum geboten wurde, nicht zu Herodes zurückzukehren, zogen sie auf einem anderen Weg in ihr Land.

Credolied oder Apostolisches Glaubensbekenntnis.

Fürbitten

P.: Lasset uns nun beten zu Gott, unserem Vater, der uns in Jesus Christus seine Liebe geschenkt hat:

K.: Für die Völker der Erde:
Laß sie deinen Sohn Jesus Christus als das Licht für unsere Welt erkennen und seine Liebe zum Maßstab ihres Handelns machen.

A.: Wir bitten dich, erhöre uns.

K.: Für unsere Kirche, für den Papst, die Bischöfe und alle Christen:
Hilf ihnen, die Frohe Botschaft so zu verkünden, daß alle Menschen zu Jesus Christus als dem Herrn ihres Lebens finden können.

A.: Wir bitten dich, erhöre uns.

K.: Für alle Menschen, die nach Liebe, Wahrheit und Hoffnung für ihr Leben suchen: →

63

Laß sie auch durch uns ein wenig von der Liebe und der Freude finden, die mit Jesus Christus in unsere Welt gekommen sind.

A.: Wir bitten dich, erhöre uns.

K.: Für uns selbst, die wir hier versammelt sind:
Laß uns immer wieder die Gemeinschaft mit Jesus suchen und durch ihn Kraft und Mut für unser Leben erhalten.

A.: Wir bitten dich, erhöre uns.

P.: Herr, unser Gott, sei uns nahe auf den Wegen unseres Lebens, und führe uns auf ihnen zu Jesus, deinem Sohn, der mit dir lebt und verherrlicht wird in der Einheit des Heiligen Geistes, Gott von Ewigkeit zu Ewigkeit. Amen.

Zur Gabenbereitung

Guter Gott, die Weisen haben in dem Kind in der Krippe den Erlöser der Welt gefunden und ihm ihre Gaben gebracht. Wir bringen dir als unsere Gaben Brot und Wein. Nimm mit ihnen auch uns selber an, dann werden wir den Weg zu Jesus Christus nicht verfehlen und einmal für immer in seiner Gemeinschaft glücklich sein, der mit dir lebt und herrscht in Ewigkeit. Amen.

Drittes Hochgebet für Eucharistiefeiern mit Kindern (aus: ,,Fünf Hochgebete'')
mit den Texten für die Weihnachtszeit

Schlußgebet

Gott, unser Vater, wir danken dir für die Gaben, die wir empfangen haben. In ihnen haben wir Jesus Christus gefunden, der dein Licht für unsere Welt ist. Nun laß uns wie die Weisen den Weg zu den Menschen gehen und ihnen durch unsere Taten und Worte von deiner großen Liebe künden. Darum bitten wir durch Christus, unseren Herrn. Amen.

Bei einer Aussendung von Sternsingern

Segnung der Kreide

P.: Gütiger Gott, segne unsere Sternsinger und die + Kreide, mit der sie das Zeichen des Kreuzes über den Eingang unserer Häuser (Wohnungen) schreiben. Laß uns nicht vergessen, daß unser ganzes Leben dem gehört, der uns in diesem Zeichen erlöst hat.
Das gewähre uns durch Christus, unseren Herrn.

A.: Amen.

Aussendungsgebet

Herr, unser Gott, du hast die Weisen aus dem Morgenland durch einen Stern zu Jesus geführt. Sie fanden ihn, und ihre Freude war groß. Segne + diese Sternsinger, die diese Freude Christi in die Häuser unserer Gemeinde tragen wollen. Öffne die Herzen und Hände der Menschen, daß sie durch ihre Spenden mithelfen, das Licht des Glaubens in alle Welt zu tragen.
Darum bitten wir durch Christus, unseren Herrn.
A.: Amen.
(Aus: Benediktionale)

Zum Abschluß kann ein Sternsingerlied gesungen werden.

Quellenangabe für die Lieder:
,,Stern über Bethlehem'' und ,,Seht ihr unsern Stern dort stehen'' sowie noch einige andere moderne Weihnachtslieder sind zusammengestellt in dem Heft: In dieser Nacht. Lieder zum Thema Weihnachten. Gustav Bosse Verlag, Regensburg 1972 (Best.-Nr. BE 808). Das Lied ,,Heller Stern in der dunklen Nacht'' ist abgedruckt in: Könige und Bettler, ein Werkheft zur Sternsingeraktion. Schriftenreihe des Jugendhauses Düsseldorf 17, Düsseldorf 1975.

Weitere Materialien

— Wer in den vorangegangenen Gottesdiensten schon mehrfach Erzählungen aus dem Zyklus ,,Como und der Weihnachtsstern'' verwendet hat bzw. eine lebendigere Darbietung vornehmen möchte, kann die Geschichte ,,Como gibt eine Botschaft weiter'' von Kindern auch in der Form eines Spieles (evtl. mit Erzähler) darstellen lassen. Dabei könnte nach jeder Begegnungsszene mit einem der drei ,,Weisen'' (Bürgermeister, Wissenschaftler, Schriftsteller) jeweils eine Strophe des Liedes ,,Heller Stern in der dunklen Nacht'' (Quellenangabe s.o.) in der folgenden Reihenfolge eingeschoben werden: 1. ,,Menschen lieben von Anbeginn . . .''; 2. ,,Menschen suchen von Anbeginn . . .''; 3. ,,Menschen hoffen von Anbeginn . . .''

— An Stelle der Erzählung kann als Grundlage für die Katechese auch eines der folgenden Bilder gewählt werden:
a) ,,König Balthasar folgt dem Stern'' (Altarantependium aus Santa Maria in Mosoll, Ausschnitt), in: Bilder zum Kirchenjahr 2 (Christophorus-Verlag), Dia 8.
b) ,,Anbetung der Magier'' (Egbert-Kodex), Kunstverlag Maria Laach, Best.-Nr. D 5822.

— Eine andere Möglichkeit besteht darin, den Kindern Andachtsbildchen bzw. Kunstpostkarten z.B. mit der Darstellung ,,Der Engel und die drei Weisen'' (Psalter aus der Abtei St. Alban bei London, Kunstverlag Maria Laach, Best.-Nr. 5663) oder dem unter b) genannten Bild in die Hand zu geben.

— Alternativ zum Text der ,,Botschafter'' zu Beginn der Meßfeier kann auch das Lied ,,Der Weg nach Bethlehem'' aus: Christujenna. Kinderlieder zu Advent und Weihnachten aus unserer Zeit (Christophorus-Verlag) verwendet werden.

Hinweise zum Basteln der Krippenfiguren

1. Benötigte Materialien

Für die Körper:
Flaschen unterschiedlicher Größe und Form / Styroporkegel / Styroporkugeln unterschiedlicher Größe / Holzstäbe, etwa 10—12 mm ∅ / Rundholz, etwa 30 mm ∅, das in der Mitte geteilt wird (oder schon fertige Holzschuhe) / Figurendraht, 6 und 8 mm ∅ (gelb, schwarz, weiß) / Bindedraht / Kreppband (auch farbig) / Gips / Farbe zum Bemalen der Holzteile

Für die Kleidung:
Stoff- und Lederreste aller Art / Nylonstrümpfe in verschiedenen Farben (evtl. eingefärbt) / Spitzen, Borten / Jute, Filz / Wolle (für die Haare) / Kordel, Nähgarn / Perlen, Pailletten, Modeschmuck

Für die Beigaben:
Papprollen, Kreppapier, Draht, Modelliermasse, Bast, Stroh, Peddigrohr

2. Die Fertigung der Grundformen

Je nach Alter der Kinder werden die Grundgestelle der Figuren am besten von Erwachsenen gefertigt und den Kindern vorgegeben. In dieser Grundkonstruktion lassen sich zwei Formen unterscheiden:

a) *Grundform A*
Von den etwa 10—12 mm dicken Holzstäben werden einzelne Stücke von etwa 10 cm Länge (oder kürzer) abgesägt, die dann ungefähr in der Mitte in einer Stärke von 6 bzw. 8 mm durchbohrt werden. Ebenso werden die Styroporkugeln ein Stück in der Stärke der Holzstäbe angebohrt und auf die Stäbe aufgesetzt (Befestigung mit Gips oder Kleber).
Die freien Enden der Stäbe werden nun entweder einige Zentimeter in eine Flasche eingeführt und im Flaschenhals eingegipst (vgl. Abb. 1) oder auf einen (vorher ebenfalls angebohrten) Styroporkegel aufgesetzt (vgl. Abb. 2) und festgeklebt.
Die Arme werden jeweils aus einem Stück Figurendraht (Farbe evtl. nach unterschiedlichen Völkergruppen: Europäer: weiß; Afrikaner: schwarz; Asiaten: gelb; Südamerikaner: weißer Draht wird mit braunem Kreppband umwickelt,

gefertigt, der durch die vorbereitete Durchbohrung des Holzstabes gezogen wird und in der Länge (ca. 25—50 cm) den Proportionen von Kopf, Hals und Rumpf entsprechen soll. Die Enden des Figurendrahtes werden (mit der Andeutung von „Händen") zurückgebogen und etwa in „Schulterhöhe" der Figuren mit Draht oder Kreppband befestigt (vgl. Abbildungen 1 und 2).

b) *Grundform B*
Grundmaterial ist hier allein der Styroporkegel, während die ersten Arbeitsschritte zunächst mit denen bei der Form A übereinstimmen.
Kennzeichnend für diese Form ist allerdings, daß in die Basis des Kegels zwei gleich lange Holzstäbe als „Beine" eingegipst oder -geklebt werden (vgl. Abb. 5). Als Füße bzw. Schuhe dienen etwa 4—6 cm lange, in der Mitte geteilte Stücke des Rundholzes, die für das Einsetzen der „Beine" in der Stärke der Holzstäbe angebohrt wurden. Falls schon vorgefertigte Schuhe verwendet werden, brauchen sie nur noch an die „Beine" angeklebt zu werden.
Die Gestaltung der „Arme" geschieht wieder wie bei Form A.

Bei der Erstellung der Grundkonstruktionen ist vor allem auf eine hohe Standfestigkeit der späteren Figuren hinzuwirken. Für die Form A läßt sich das dadurch erreichen, daß die Flaschen am Boden durch eingeträufelten Gips beschwert werden. (In diesem Fall können die als „Hals" dienenden durchbohrten Holzstäbe auch länger belassen und in die Gipslösung am Boden der Flaschen eingelassen werden.)
Bei Figuren der Grundform B empfiehlt es sich, sie nach Fertigstellung der Bekleidung auf einer kleinen Holzplatte aufzukleben.

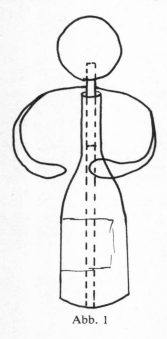

Abb. 1

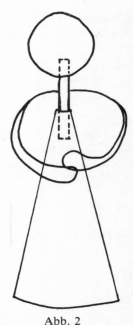

Abb. 2

Abb. 3

Abb. 4

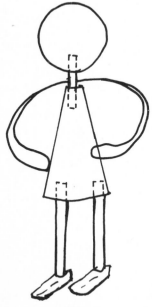

Abb. 5

Abb. 6

Abb. 7   Abb. 8

3. Bekleidung und Ausstattung

Je nach Hautfarbe der gewünschten Völkergruppen und in Übereinstimmung mit den vorher gewählten Farben für die aus Figurendraht gebildeten „Arme" (vgl. unter Grundform A) werden zunächst die Köpfe der Figuren mit eingefärbten Nylonstrümpfen überzogen. Augen, Mund und Nase werden jeweils aus Filz ausgeschnitten und aufgeklebt. Die Haare werden aus Wollfäden gebildet, wobei mit Hilfe eines kleinen Stoffstreifens auch eine Art „Perücke" erstellt werden kann.

Dann werden die unterschiedlichsten Bekleidungsarten und -formen geschaffen (vgl. Abbildungen 3, 4, 6—8). *Auf diesem Arbeitsgang sollte das Schwergewicht bei der Anfertigung der Krippenfiguren liegen.* Hier sollen die Kinder ihre ganze Phantasie und ihren Ideenreichtum entwickeln können. Dazu wäre es gut, sie mit unterschiedlichen Techniken (Häkeln, Stricken, Weben usw.) und verschiedenen Möglichkeiten der Schnittentwicklung aus geometrischen Formen vertraut zu machen.

Zugleich ist die Gelegenheit gegeben, ein wenig in die Kenntnisse der für einzelne Völkergruppen typischen Bekleidung einzuführen (z.B. Poncho und Sombrero für Südamerikaner; Kaftan und Turban für Afrikaner usw.).

Um eine gewisse Einheit zu erhalten, empfiehlt es sich, zunächst jeweils eine Völkergruppe fertigzustellen, bevor man sich der nächsten zuwendet.

Um das gesamte Krippenbild zu komplettieren, können noch Beigaben wie Häuser und Hütten, Brunnen, Körbe, Arbeitsgeräte, Bäume, Tiere usw. geschaffen werden.

Der Adventskalender

Dieser Adventskalender hat die Form eines großen *Weihnachtssterns*, dessen innerer Bereich in vier Segmente aufgeteilt ist. (Vgl. Abbildung.) In jedes dieser Segmente wird ein Bild gemalt, das auf die Erzählung jeweils eines Adventssonntags hinweist. An jedem Adventssonntag wird ein Bild geöffnet, so daß die Kinder schon vor Verlesung der Erzählung Vermutungen über deren geographischen Schauplatz anstellen können. Am Heiligen Abend erstrahlt dann der *Weihnachtsstern* über der Krippe und zeigt an, daß mit den hier zum Gottesdienst versammelten Kindern auch viele andere Menschen, zum Teil aus fernen Ländern, den Weg zum neugeborenen Kind gefunden haben.